edition taberna kritika

Giuseppe Ungaretti
Süditalienische Reise
Reiseprosa

http://www.etkbooks.com/

Titel der italienischen Originalausgabe:
"Viaggio nel Mezzogiorno"

Gestaltung: etkbooks, Bern
Coversujet, Illustrationen: Sabine Jansen, www.oh-welt.de
Printed in Europe

Bibliografische Information der Deutschen Nationalbibliothek:
Die Deutsche Nationalbibliothek verzeichnet diese Publikation in der Deutschen Nationalbibliografie; detaillierte bibliografische Daten sind im Internet über http://dnb.d-nb.de abrufbar.

ISBN: 978-3-905846-23-2

Giuseppe Ungaretti

Süditalienische Reise

Reiseprosa

Übersetzt von Stefan Ruess

edition taberna kritika

Per Daniela

Non dimenticheró facilmente questi giorni con te

Inhalt

ELEA UND DER FRÜHLING 9
DER WUNDERBARE FISCHZUG 17
DIE ROSE VON PAESTUM 27
DER PAPYRUS DER STILLE 35
VESUV 45
IN TRAUM UND WIRKLICHKEIT 55
ALT-NEAPEL 63
VASÁMOLO INT' A L'UOCCHIE 71
Editorische Notizen 81
Anmerkungen des Übersetzers 83

Elea und der Frühling

Salerno, 12. April 1932

Selbst in bevölkerten Häfen hält die Gegenwart des Meeres den Menschen in einer Art Einsamkeit und edler Größe, und uns ist in den zwei Stunden, die wir unterwegs sind, noch keine lebendige Seele unter die Augen gekommen. Das Auto hält abrupt und wirft uns in die Polster, und einer dieser türkischen Hähne mit langem rotschuppigem Hals, berühmte Kämpfer, überquert die Straße, lächerlich rennend mit geöffneten Flügeln. Ein Schreck von sehr kurzer Dauer: Da hackt er schon im Kot und dreht sich, um uns wie ein Schwachsinniger zu betrachten. Weiter oben, mit der gleichen Stumpfheit, heben vier Büffel ihr feuchtes Maul vom Acker, um uns ihr Lied zu singen. Man könnte jetzt ein Kapitel eröffnen über die Neugier der Tiere, stärker als die Angst, aber leider fehlt mir die Kunstfertigkeit des Apologeten Raimondo Sabondo. Ich werde von Abscheu geschüttelt, welche mir und Barilli stets Getier bereiten werden wie Ratten, diese Büffel, und anderes dergleichen, taktlos. Ich sehe sie schon im Sommer, diese Büffel, wie sie sich im Dreck wälzen, um die Fliegen zu verscheuchen, wie sie mit dieser Schlammkruste umherlaufen, auf der sogar Gras wächst, sie tragen Elstern, die sie für hohe Erdschollen halten. Im Übrigen gutartige Viecher, produzieren sie doch die Milch, woraus jener köstliche Mozzarella gemacht wird, einer der Vorzüge – warum auch nicht? – dieses Landstrichs. Und plötzlich sind die Berge nicht mehr zu sehen, pressen uns dennoch die Flanken, während wir aufbrechen, um entlang der Küste weiterzufahren. Die Stille ist jetzt fast furchteinflößend, und ebenso die Einsamkeit und die Größe, in der ich mich abgesondert fühle.

Und was hat es auf sich mit diesem hohen Fels, der uns vorkommt, als ob kleine Felderflächen sich wie Pflastersteine hinaufgipfelten, als handle es sich um elegante Geometrie? Und warum verfärbt sich unruhig das Gras, beinah azurblau auf diesem Fels, wie von einer unter der Haut liegenden Tätowierung hin zu einer lackierten Abschürfung? Ich werde davon später die andere Seite sehen, nackt und entblößt: Es ist die Spitze von Agropoli, und, wie ein Känguru, auf seinem Bauch, es vor dem Meer verbergend, trägt sie ihre Stadt: Eine einzige Straße, die enggeführt wird von Häusern, und die sich fast unvermittelt in eine Vertikale zieht, und uns einen Durchblick auf in Bewegung hingestreute Menschen gewährt. Einige Frauen sind in Rot gekleidet. Die Figuren werden immer kleiner, bis hoch hinauf, hin zu einem Schlangenkopf, der seine Umrisse im Himmel verliert. Wo habe ich diese Dinge schon einmal gesehen? Diese korrodierende Kalligrafie, die mit so großer Freude die Grasnarben verknüpft;

dieses Rot; diese Straße, die wie in einem *Burnus* einhergeht … : Zieht den Reiseführer zu Rate: Diese Küste wurde im 8. Jahrhundert von den Arabern überfallen; dieser Ort war einer ihrer Stützpunkte; und war immer Ziel der Korsarenüberfälle, die vor weniger als einem Jahrhundert – es ist nötig, daran zu erinnern – noch immer an unseren Küsten auftauchten. Diese Ebene von Paestum, welche die sich hinschlängelnden Berge zum Golf hin begrenzen wie eine riesige Triangel – und wovon das Vorgebirge von Agropoli der spitze Ausläufer ist – diente als Schlachtfeld: Byzantiner, Langobarden, Sarazenen, hier trafen sie aufeinander; und ich empfinde Einsamkeit (ein trostloser, innerlicher Trommelschlag betont die Stille) und Größe wegen der Gegenwart des Meeres, und auch, jetzt spüre ich es, wegen der religiösen Majestät, die für immer die Orte haben, welche Schauplätze des Krieges waren.

Ach! es ist Frühling. Bis zum Becken des Testene ist er von den Berggipfeln herübergekommen, uns zu begrüßen. Er hat sich verspätet, ein Lebenszeichen von sich zu geben dieses Jahr; aber derart hoffnungsfroh alles auszukleiden, das hatte ich noch nie gesehen. Er ist ganz sanft, und noch lässt er die nackte Erdscholle durchscheinen, er ist ein Hauch; und eine ausgemergelte Sonne, die durch den verschleierten Himmel ihr hier und da einen Flecken einsäht, sie tupft den Blättchen ein Schauer von Goldhauch auf. Bald ähnelt es einer Wiege bleichen Damastgrüns. Es ist richtige

Frühlingssonne, die Erde, ein süßes Kinderbett, und sie hat mit sich allein, oben, den Himmel.

Aus einem Halbdunkel heraus landen wir am Meer. Die Küstenlinie schneidet in den Berg ein – wir sind bei Punta Licosa – und unterbricht ein Näherkommen magerer Pinien, die unten an unseren Füßen zurückkehren, um sich auf dem Abhang wiederzufinden, fast steil abfallend; Schwankende im Wind. Dann werden die Pinien eine Ansammlung, die eilends herunterkommt; danach erreichen wir ein kahles Tal; hin und wieder ein Olivenbaum.

Dann ziehen sich die Berge zurück; die Olivenbäume (von einer dunkelblättrigen Art, dunkler als in Ligurien oder der Toskana oder der Provence, und in der Luft flirrend, weisen die Blätter ein Silber voll bejahrten Schattens auf), die Olivenbäume sammeln sich, die Bergkämme steigen hoch bis zum Monte Stella, das Meer kehrt wieder, erstreckt sich, endloses Grau, bis an die letzte Stufe des Marktplatzes, und es hebt sich der Vorhang, das Tal des Alento kommt uns entgegen und Elea taucht auf.

Ist also dies, Elea, von Flüchtlingen gegründete Stadt, ist also dies, Velia, wohin Cicero auf der Flucht war, als er getötet wurde? Ein Hügel und, oben, eine Burg wie das große Gerippe eines Hahns zwischen zwei Türmen – und nichts weiter? Die Menschen sind noch immer von der anderen Seite der Hügel geflüchtet, und das Kastell, das von Karl V. dann zwischen die zwei Türme gesetzt wurde, ist Castellamare della

Bruca; von wehrhaften Benediktinern erbaut, die, auch sie, hinter den Bergen lebten, zwischen Heidekraut im Kloster von St. Mauro. Und einst, bevor das Meer zurückwich, spiegelte sich hier der Hügel, tausend Jahre her, als es zwischen hier und Palinuro noch die Anzeichen einer wohnlichen Stadt gab.

Elea, dies ist Elea, Stadt von Flüchtlingen, wo sogar die Welt geendet hatte, indem sie eine Abwesenheit wurde: Dies ist Elea, oh, abwesende Stadt.

Ach du, Rhapsode Xenophanes, der hier an Land ging, aus dem besetzten Ionien, von deinem Werk bleiben keine umfangreicheren Fragmente als diese Scherben von Terrakotta aus dem ersten und vierten Jahrhundert, die ich steigend mit vollen Händen aufsammle. Wie sehr warst du verbittert, Mensch, der du lange auf dem Meer gewesen warst, als du entdecktest, dass nur der Gedanke unsterblich ist. Du suchtest, oh Reisender, das Sein und nicht länger die Erscheinungen, die Einheit und nicht die Einzelwesen, und als erster im Westen, hier auf italischer Erde, entzogst du, oh grausamer Dichter, den Bildern das Göttliche. Du konntest jedoch nicht glauben, dass der Gedanke, nicht einmal der ewige Gedanke, ohne Fleisch und Maß wäre; und du nahmst an, wie es noch die große Weisheit der Einfältigen sieht, dass der wahre Gedanke das Bewusstsein von einer perfekten Form geheilter Materie sein müsse, aus einer Kugel, welche die ganze unverderbliche Materie enthalten müsse: Das Einzige, das Existierende in nicht trügerischer Form:

Du nahmst an, dass dein Körper – in dem, was nicht Illusion war: Zeit, Bewegung und Raum – ein Teil wäre vom ewigen Fleisch des Gottes, den du als erster ins Licht hobst: des Gottes vom unveränderlichen und totalen Sein, vom Absoluten; reine, stillruhende Substanz.

Es kann keinen Raum geben, das heißt keine Leere, wird mit dir dein Schüler Parmenides insistieren. Er wird wie ich von dieser Höhe aus umherblicken, und er wird sehen, aufgrund des trüben Tages, dass der horizontlose Himmel sich mit dem Meer im gleichen endlosen Grau vermischt, und er wird einen weiteren Beweis dafür haben, dass das Unendliche, wie das Endliche, Illusion ist. Und wenn es keinen Raum gibt, und wenn es daher auch keine Leere geben kann, wenn die einzig wirkliche Substanz alles besetzt hält, dann ist das Nicht-Sein ein Trug der Sinne; auch der Tod ist Trug, wie das Bewegtsein, wie der Wandel.

Und von dir, hoffnungslose Stadt, und von euch, ihr ersten wachen Augen, oh Eleaten, ist nichts weiter geblieben als ein wenig Staub? Eure sterbliche Hülle war geradezu ein Illusion, wie du sagtest, Parmenides, aber eure Stimme, ich höre sie in dieser Stille: Das, was unsterbliche Materie in euch war, ist unsterblich, auch in diesem, meinem vergänglichen Körper.

Und wie dir Dichter, oh Parmenides, ist mir der „Irrtum der Sterblichen“ teuer, gemäß welchem die Natur, ihr Licht und ihre Schatten, ihre Raserei, ihre

Schwermut und ihr wüster Winter in geheimnisvoller und mutiger Schlacht die Erde bevölkert.

Heruntersteigend gewahre ich drei Ölbäume: Sie haben kurze und glatte Stämme und, sehr große, hocherhobene Arme. Sie sind nicht märchenhaft wie andere, diese Ölbäume, aber sie scheinen, bis zur Hüfte noch im Grab, kraftvoll Auferstandene zu sein, die aus Erbarmen gerne zurückkehren würden in den Tod. Dann treffe ich auf zotiges Gewächs: wilder Spargel, junge Disteln, deren gekräuselte Blätter vielgestaltig wie Narben sich an der Erde festklammern, wie von einem Kuss eingesogen.

Unten angelangt, bemerke ich, dass auf dem Abhang auch der Ginster und die Asphodelen in Blüte stehen. Konnten sie ausbleiben zwischen den Ruinen? Und, dort unten, steht in Blüte eine Tafel Rüben, gelb wie der Ginster; aber sehr festlich.

Der Wunderbare Fischzug

Salerno, 5. Mai 1932

Palinuro

Pananti, der sich ausmalte, von Korsaren gefangen zu sein, und der nichts aus diesem nicht gerade alltäglichen Abenteuer zu machen wusste, vermag indes gegen die Verfasser von Berichten müheloser Reisen zu sticheln, die zu seiner Zeit zahlreich waren, und in einem Anhang zu seinem Buch lässt er das angebliche Tagebuch eines solchen drucken, eines französischen Edelmannes vom Anfang des 19. Jahrhunderts. Auf jeder Etappe die Anweisung für ein Kapitel, so, in Mantua angelangt, schreibt der Edelmann: „An Vergil erinnern. Die schönsten Verse des Sängers anführen. Ich werde diesen Abschnitt meinen Sekretär verfassen lassen." Wohl ihm, der einen Sekretär hatte!

Aber ich bin an Orten, die von Vergil besucht wurden, und er war so aufmerksam, einfühlend und präzise, dass es schwerfällt, sich nicht seinen Augen anzuvertrauen. Von Vergil behaupten sie, er habe ein beispielhaft feines Gehör besessen, und auch ich werde so etwas gesagt haben, um zum Ausdruck zu bringen, dass niemand es besser verstand, die Musik der Seele wiederzugeben; aber man müsste auch sagen, wie unerreichbar er als Maler gewesen wäre. Wenn mir also diesmal ein scharfer Blick gegeben sein wird, so nur dank des V. und VI. Gesangs der *Aeneas*.

Von der Höhe Velias aus hatte ich links liegend Palinuro betrachtet, mit dem Erstaunen, das ein riesenhafter Stein stets hervorruft, wenn er aufgrund der Distanz luftig wirkt. Rechter Hand hatte mir die Mündung des Alento diese unglaubliche Erkenntnis wieder in Erinnerung gebracht: dass es die Flüsse sind, die das Salz ins Meer tragen. Und von allen Seiten war ich umgeben von Enzianbüscheln. Und es setzte mich noch eine zweite Sache in Erstaunen: dass das Silberblau des Enzians jenem des dunstigen Horizonts von Palinuro glich und jenem der Mündungsverästelung des Alento. Drei verschiedene Nuancen ein und derselben Farbe; und eine letzte Abart davon war das sehr weit entfernte Grau; eine Asche, die den Himmel mit dem Meer vermischte. Sollen wir uns ein Enzianblatt ins Knopfloch stecken? Ist es das Zeichen, bitter und aromatisch, dieses Tages?

Kehren wir zurück auf unseren Weg, wir gelangen nach Pioppi und, als wir ein motorisiertes Fischerboot auf dem Trockenen sehen, fragen wir, ob sie es uns bis nach Palinuro ausleihen wollen. Der Besitzer, Signor Pinto, stellt es uns sogleich kostenlos zur Verfügung, und will auch, dass man in seinem Haus einen Kaffee zu sich nehme. Das sind keine unbedeutenden Details, und es sind nicht die einzigen, die mir die Herzlichkeit des hiesigen Menschenschlags gezeigt haben. Ich habe diese Erfahrung ebenso mit Personen in bescheidenen Verhältnissen gemacht, denen ich über den Weg lief: Sie drängen sich nicht auf; selten richten sie das Wort an euch, nicht, weil sie schüchtern wären oder nicht wortgewandt, sondern weil sie zerstreut ihren eigenen Gedanken nachhängen. Aber es reicht, dass ihr einen Wunsch äußert, und sie reißen sich in Stücke, um euch zufrieden zu stellen: Sie machen das aus der Veranlagung heraus, sich Zuneigung zu verschaffen, und das scheint mir mittlerweile ein Anstand zu sein, der sehr rar ist. Gastfreundliches Land, Land der Zuflucht!

Sie fischen den Kopf Apollos

Eine atemlose Stunde, einer dieser Nachmittage zu Beginn des Frühlings, wenn alles stillzustehen scheint und wie verwundert. Und in der Tat, welches Wunder ist größer als das einer Geburt.

Es war vielleicht eine Stunde wie diese, und das Wasser von einem satten Türkis, wie das hier dicht bei uns, als auf ruhigem Wellenschlag Bilder vorüberzogen. Es waren die Madonnen und die gemalten Heiligengesichter, so will es die Überlieferung, aus San Luca, die, so will es das Volk, auszogen, um sich selbst einen Platz zu wählen, wo sie angebetet werden wollten. Sie flohen die Bilderstürmer und, von denselben Stränden ausgehend, durch einen Zufall, von dem anzunehmen er wäre Fingerzeig der Vorsehung, tröstlich ist, legten sie in denselben Häfen an, welche die Segel des ersten Zerstörers von Bildern aufnahmen, jenen Rhapsoden Xenophanes …

Brachten sie der italienischen Kunst jenes Merkmal, die dunkle Blüte, das, in unseren Breitengraden herangewachsen, Giotto den Weg gewiesen hätte, eine neue Reife der Früchte zu entdecken?

Der Bergfried von Velia kehrt hin und wieder zurück, uns zu beobachten, er steht zu Haupt dieser verstümmelten Wachtürme, von Karl V. aufgerichtet, die sich bis nach Reggio hinabziehen. In der Sperrstunde ging die Stimme der Wachen von Turm zu Turm, um sich dort unten zu verlieren, und kehrte wieder: die ganze Nacht hindurch! Land der Zuflucht, und Land der Beute! Es ist nur natürlich, dass, wo die Hoffnung am einladendsten ist, auch die Lockungen des Bösen am größten sind, und es verwundert nicht, dass diese Orte räuberische Gier hervorriefen, sei es von Mohren oder Blondschöpfen.

Als Velia verschwindet, reicht der Bogen, der sich öffnet, bis zum Vorgebirge von Pisciotta. Verwitterte Felsen beginnen das Meer einzudämmen. Der erste, gewellt wie ein unwahrscheinlicher Meeresträffel, hat jene Gewalt, die am meisten ängstigt: Er ist brachial bis hin zur Kargheit und bis hin zur Erlesenheit. Wir fahren hindurch zwischen dieser merkwürdig wuchtigen Masse und einer Klippe, die sie ihrer Kuppe entrissen haben.

Gleich darauf sehen wir einen Berg, von einer Straße wie von einem Blitz in Bewegung gesetzt. Eine derartige Wucht – im Werden des Barocks, und Michelangelo war noch nicht lange Vergangenheit – habe ich nur in Rom gesehen, in zwei Bildern von Caravaggio: der Heilige Petrus und der Heilige Paul von Santa Maria del Popolo.

Auf jenem Berg steht ein Büschel Olivenbäume – Olivenbäume, immer Olivenbäume! – und ich war noch nicht fertig, mir dies klarzumachen, als sich bereits eine Schlucht gegen die Talebene öffnet, soweit das Auge reicht zeigen sich Grate, Kofel, Tobel, plastisch gemacht durch die einfache Abstufung des Grüns, und durch ein langsames Vorüberziehen bleifarbener Wolken.

In dieser Zwischenzeit, während wir, Pisciotta links liegen lassend, vorüberziehen, taucht, ins Meer hineingeschoben, Palinuro auf, wie ein maßloser Haifisch, von Gold gelöchert.

Pisciotta schmiegt sich in drei Ringen an eine Felswand: Der höchstgelegene ist die alte Stadt, mit schweren und braunen Häusern und großen Arkaden; in der Mitte, wie eine Schafherde verstreut, Ölbäume; der dritte, auf Wasserhöhe, besteht aus neuen und leichten Häusern, deren Mauern von der Luft in Peristyle gedreht zu sein scheinen.

Und jetzt tragen die Ölbäume einen Lichthof um ihre Blätter, wie die Heiligen.

Jetzt treten die Berge, die uns flankieren, vor und zurück, und einige kommen aufrecht am Wasser an, und andere hingestreckt, abgeflacht, verlängern sich in Gebetshaltung zum Wasser hin: Gegen Westen sind sie rein, noch, in einem feinen Sand aus Licht. Unter der Menge der Berge, höher als die anderen, regiert der Monte Bulgheria, und man könnte sagen: ein Stück Anthrazit, das einen Krümel schwerer Asche ausstößt.

Schlagartig hat das Meer an einem Punkt ein starkes Aufzittern: Es ist eine Schar Märzenten, die sich wieder auf die Reise begeben. Sie sind im Morgengrauen eingetroffen und jetzt, mit dem Einbruch der Dämmerung, fliegen sie fort. So floh jener Gott des Schlafs, herabgestiegen, um Palinurus zu verraten, indem er ihn mit zerschmettertem Steuerruder ins Unglück warf. Und die Wellen, jetzt unvermittelt wild geworden, bewegt sie vielleicht das verzweifelte Strampeln von Aeneas treuem Steuermann?

Kleine Grotten leisten uns nun Gesellschaft. Die Brecher, die in diese dunklen Höhlen eindringen, stören die Steine, wühlen ein Geräusch alter Gebeine hervor.

Der Hafen Palinuros hat weiße Häuschen, und das hinterste ist rosafarben: Sie scheinen zunächst wie

Morgenwäsche aufgehängt, um zu trocknen, und dann wie kleine Gipsblöcke.

Unser Fischerboot kann nicht in die Grotte Palinuros vordringen, so machen wir einem Fischer ein Zeichen, er soll mit seinem Boot kommen, und wir fahren ihm entgegen.

Ich habe niemals ein Wasser gesehen von einer solchen Transparenz wie das, welches ich bemerke, als ich mich dem Hafen nähere. Wir sehen den Sand des Grundes, als wäre er sanft frisiert, und die Algenbänder sich in ringelnde Schlangen verwandeln, die schöne Haartracht.

Ist dies äußerst klare Medusenauge, das in jenem hohen Fels erstarrt ist, Palinurus? Und die verzweifelte Treue, die ihn in solche Höhe hinauftrug? Sie sind Zeugnis seines Leidens, diese Schrammen, die vom Fuße bis zum Gipfel den übermenschlichen Aufstieg kennzeichnen und mir die Finger schmerzen lassen, und sie scheinen Axthiebe zu sein eines zyklopischen, toll gewordenen Holzfällers.

Wir fahren in die Grotte ein, und, als wir etwas vorgerückt sind, ist das Dunkel angefressen von einem Lichtschein unter geschliffenem Glas: Es ist das von unten beleuchtete Wasser, und es gibt Licht wie ein Mond und gleicht einer Schale aus türkisfarbenem Zelluloid. Mit unterseeischen Augen sehen wir nun aus dem Wasser auftauchen – und Purzelbäume schlagen zwischen den bläulichen Wänden der Höhle wie im Innern einer Traube – einen versteinerten Delfin:

schmutziger Fels, aber es verwundert, dass in diesem eingeschlossenen Nass nichts Lebendiges sein soll als dieser Stein, in Form der in dieser Bucht springenden Delfine. Und es kehrt mir in den Sinn zurück der Gott des Schlafs, der vogelgleich entfloh, und Palinurus wie ein Fisch …

Es ist fast schon Nacht, und nacheinander kehren die Sardinenfischer in den Hafen zurück. Die Netze einholend, eines Abends, verfing sich in einer Masche nicht die Kehle eines Fischleins, sondern darin, an einer Schläfenlocke, ein Apollohaupt. Es wurde auf einem runzligen Handteller emporgehoben und, zurückgekehrt, um dem Licht Leben zu verleihen, blutend von der Flamme des Sonnenuntergangs – an der Halsstelle, wo sie es köpften –, schien es jenem Fischer das Täuferhaupt. Ich habe es gesehen im Museum von Salerno, und es wird von Praxiteles sein oder hellenistisch, sei's drum; aber dies Antlitz, das mehr als zweitausend Jahre vom Meer in seinen Tiefen bearbeitet wurde, hat in seiner Patina alle Farben, die wir heute gesehen haben, es hat Müschelchen in den Ohren und in den Nasenlöchern: Es hat in seinem nachlässigen und bebenden Lächeln, ich weiß nicht welchen Gesang wiedererstandener Jugend! Oh! Du bist die heitere Kraft und die Schönheit. Was für ein Vorzeichen bringt uns nicht dieses Bildnis, das unter die Olivenbäume, endlich zu uns zurückgekehrt ist.

Es gibt hier immer noch, wie schwer ist eine Gewohnheit abzulegen, die Ausgangssperre. Die Leute, und es ist eben erst Nacht, sind verkorkt in ihren Häusern und, draußen, nicht ein Lämpchen. Der Himmel ist bedeckt, das Meer ist von Blei, und die Berge umschließen es wie ein Haufen gezackter Scheiben aus getöntem Glas. Drei Finsternisse, und schweigend! Es ist die absolute Nacht.

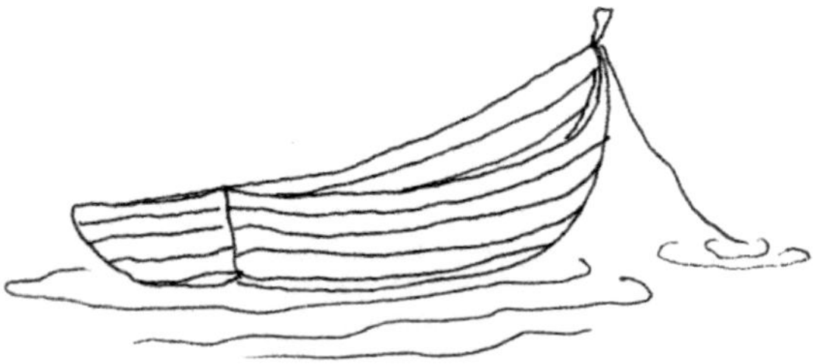

Salerno, 14. Mai 1932

Ein Tag von einem märchenhaften Azur. Ich weiß nicht, ob es mir gelungen ist, ihnen in den beiden vorangegangenen Kapiteln fühlbar zu machen, wie Lukanien sich in einer schlängelnden Abfolge von Tälern ausrollt, und wie, um die große Einsamkeit davon heiter in uns zu spüren, ein hinter einem Berg verschwindender Zug genügt. Dieser Zug schien den Orten so fremdartig, und so menschlich sein Schrei und sein Rauch …

Das Bild des Zuges ist mir eingeprägt geblieben wie eine Obsession … wie der weißliche Rauch eines verschwundenen Zugs von Riesen - hinter Salerno, als wir gerade die Orangen- und Mandarinenhaine von Ponte Cagnano zurückgelassen haben, sehen wir über dem Massiv der Monti Alburni sich eine Wolkenformation wie von Bernini zusammenballen, auf die ein fantasievoller Maler den Sitz des Weltenrichters setzen könnte, endlich auf dem Weg nach Josafat. Und der Kreis, der sich vor uns ausbreitet hinter Battipaglia, und die Farbe von Schwefel, die Licht auf die Wiese legt, und die äußerste Spannung des Himmels von heut früh, könnten aufs Beste den Jüngsten Tag einrahmen.

Zum Glück, auch in seinen schwersten Gedanken, kommt immer irgendein Schmetterling, des Menschen Gemüt zu umflattern, und schon die Ausläufer des Sottano und des Soprano – jene beiden Berge, vereint wie eine sich vom Blatt aufreckende Raupe – lächeln uns von links in einem zarten Grün zu, das eine plötzlich eingetretene Brise, sich mit dem Licht vermischend, eben genauso bewegt wie Schmetterlingsflügel.

Und da die Tröstungen nie allein kommen, hier eine weitere, die sich in uns ausdehnt wie ein Erdrutsch. Es ist die Aufführung des menschlichen Willens: hier das Korn, das als Werk von Pionieren in eine seit Jahrhunderten wüste Ebene eindringt; es drängt das Gestrüpp zurück; hier die Kümmerlichkeit der Tamarisken – mit der Zärtlichkeit des Grüns an den Fersen wird es maßlos …

Aber die Erde, als wir, ein wenig weiter entfernt, das Meer entdecken, auch mit dem Grün, das zurückkehrt, sie anzunagen und ihr einen Augenblick der Unschuld zu geben – ich denke an den Schrecken von Adam und Eva, als sie „gewahrten nackt zu sein“, und an den Sinn, sei er auch illusorisch, wiedererlangter Freiheit, sei diese auch bitter, den sie hatten, als sie ihre Scham bedeckten – die Erde zeigt im sie überragenden Licht ein Schillern – und wir verspüren eine Bürde. Dieser Taumel, dieses Überbleibsel von Gewissensbiss in der schläfrigen Luft, es wird uns bis in den Abend hinein nicht mehr verlassen.

Sind wir folglich an einem Ort, der immer noch des Todes ist? Nicht mehr; aber immer noch in einem Traum des Todes, der mühsam der Auflösung harrt. Teiche gibt es keine mehr; aber die hinfällige Hexenkruste, die fortfährt, aus den Runzeln ruckartig das jugendliche Lächeln hervorzuzaubern; wenn wir weiter gekommen sein werden, wird der Entschluss immer geringer sein, die ächzende Scholle nicht weiter zu ersticken.

Ich höre das lange Weinen vom Untergang eines Reiches.

Die Menschen legen sich zum Schlafen noch immer unter die Felsabhänge, wie damals, als sie vor den Barbaren und arabischen Piraten flüchteten und den breiten Streifen am Meer dem Gestrüpp und dem Gestank überließen.

Aber vielleicht schulden wir diesem Desertieren, der langen Trauer und der langen Vergessenheit, den Erhalt dieser außergewöhnlichen Denkmäler, die sich just in diesem Moment dem Blick zeigen: so nichtig von Weitem betrachtet, würdig, um auf der Kommode stehend an die Flitterwochen zu erinnern.

Sie mit Fieber umschließend, und für viele Meilen rundum Angst aussäend, hat die Zeit für uns gegen den Tod das Wunder ihrer Kraft behauptet. Wir sehen es wachsen, dominieren, karg sich zeigen, entsetzlich, unmenschlich, und reinen Begriff werden, da wir uns nach und nach nähern.

Jetzt, da wir in der Nähe sind, geschieht, dass ein Schwarm Krähen sich vom Poseidontempel zur Flucht aufmacht; und kaum in der Luft, gibt eine erste ihr Krächzen von sich; die anderen antworten, wieder und wieder diesen Vers imitierend. Aufs Neue zerstückelt der Chorleiter die Luft: Diesmal sind es der Krächzer zwei, reinen spitzeren Tonfalls; und der Chor, den Rhythmus beschleunigend, wiederholt die kruden Verse. Danach, in einem Wirrwarr von Kreischen, entschwinden sie … Sei es, weil viele Generationen hier ihre Nistplätze hatten, sei es aus Zufall, sei es der Natur dieser düsteren Vögel zuzuschreiben, aber die Metrik ihres Gesangs ist die des Tempels.

Ich werde ihn euch nicht beschreiben. Ich werde nur sagen, dass eingangs das Tympanon und die dorischen Säulen uns einen Kalkstein zeigen wie aus entzündetem Glas: Im Herzen des Steins glüht das Licht, nicht verlöschend, und lässt seine heilige Langmut durchschimmern. An den Flanken hingegen die tragische Anmutung des Verfallens: von vielen Jahren ausgehöhlte Säulen mit kariösen Labyrinthen; und sie haben ein Aussehen rostender Pilze, und auch das von Mumien, der Tücher entledigt. Und hier, sie umschreitend, erreicht der Mensch die letzte Grenze der Vorstellung seines Nichts, beim Anblick einer Kunst, die ihn mit ihrem rechten Maß erdrückt. Die beiden anderen Tempel, sanftfarbener, graziöser gearbeitet, weniger religiös, wirken, da sie keine anderen Säulen mehr hochragend haben als die umgrenzenden, wie alte, hier hingeworfene Käfige.

Ich wende mich wieder den Gedanken an das alterslose Raubtier zu, an das unergründliche Meer, eingeschlossen im mittleren Tempel. Man denkt natürlich an Pythagoras, an jene wahre Idee der Vollkommenheit: dass das Vorhandensein identisch sei mit dem Wesen. Und obschon wir nichts unser Eigen nennen als die Existenz, haben wir, um uns zu begreifen, die Wörter Leben und Tod erfunden; aber es gibt nichts als ein kontinuierliches Schreiten von einer Form zur anderen, nicht aus einer Laune heraus, sondern aus ewiger Voraussicht. Und von unserem Wesen, unserem Streben nach unerreichbarer Reinheit, kann uns nur die Abstraktion ein hohles Scheinbild geben. Die Existenz der Sterblichen ist immer eine Raserei im Feuer gewesen, um auf irgendeine Weise zu einer Ordnung zu gelangen. Ich weiß nicht recht, aber all die Dinge, die uns die Seele anrühren, all unsere geläuterten Taten, sind, wie eine Terzine von Dante, eine Musik, geschleudert und eingekerkert in eine Geometrie. Es ist unser Ruhm, es ist unsere Verdammnis, uns konventioneller Formen bedienen zu müssen, um die Menschendinge weniger hinfällig zu machen, über das individuelle Schicksal erhaben. Und es scheint mir naheliegend, dass diese Idee vom Feuer, und diese Idee vom Erbauen, diese Idee des Leidens und diese Idee der Tat, und diese Idee des reinen Gedankens, unmenschlich, bebend, Wesen und göttliche

Existenz, mir scheint es naheliegend, dass sie in Gegenden geboren wurden, wo die Erde bebt und sogar die Steine sich entzünden, wo der Himmel gleichmütiger ist, wo die Natur, nie beherrschbar, dem Menschen wohltuend feindlich, ihn lehrt, wie man kämpft.

Diese Diskurse führend, erreichen wir das dem Meer zugewandte Tor der verschwunden Stadt, und ich bin im Begriff ein Feld Ackerbohnen zu überqueren: „Bleib stehen", bedeuten mir aus einem Mund Marzullo und Janelli, die mir in diesen lukanischen Tagen unvergleichliche Führer waren, aufgrund ihrer Freundlichkeit und ihrer Gelehrtheit.

Ich halte erstaunt inne, und sie berichten mir von Pythagoras, der bei Girgenti von den Feinden gestellt und getötet ward, weil er, aus religiösem Skrupel, nicht gewagt hatte, ein Feld mit Ackerbohnen zu überqueren.

In der Tat erzählt man sich, dass bei den Pythagoreern das Rasen der Existenz, der Traum, der stets unbewusste Akt der Erinnerung, die Weise des Denkens ist, sündig, gedärmlich, finster obszön, wild – dass er als Symbol diese schmackhafte Hülsenfrucht gehabt habe, Stimulanz, mit der man sich die verwickeltsten Träume einverleibt. Die Antike lachte darüber und machte daraus Satiren, Farcen und Epigramme, oder sie glaubte daran, in jener missverständlichen Weise unserer modernen Theosophen.

Wir laufen hoch auf einem breiten Band des antiken Pflasters. Dieses Stück alten Wegs, nutzlos in der Wüste von heute, es wirkt wie ein Skelett inmitten einer Straße. Und, zwischen einem Haufen Steingeröll, erstehen zwei unvergleichliche Feigenbäume. Auf jenem, der sich am Eingang des Tores befindet, schwebt ein Mond im letzten Viertel, ein ganz leichtes Wölkchen; der andere wird von der letzten Sonne gestreichelt, die ihn mit dem Meer zusammen zum Leuchten bringt.

Diese Ebene wird bald ihre berühmten Rosen wiederkehren sehen; aber der Himmel trägt manche Rose, in diesem Augenblick, und heute Abend ist ihre Prägnanz fulminant.

Mirabar celerem fugitiva aetate rapinam;
Et, dum nascuntur, consenuisse rosas.

(Seltsam die rasche Flucht der fliehenden Zeit;
Und, dass kaum geboren, die Rosen welken.)

Ach, die verführerischen Dinge gehen vorüber, und das Maß, das sie, ohne Mitleid, veränderlich erscheinen lässt, ist, in diesem Tempel, von einer entsetzlichen Unempfindlichkeit.

Ob aus der Zahl oder aus dem Traum kommend, wie sollte die Schönheit nicht schrecklich sein? Alles übrige, das uns erschüttert, wird aus nichts anderem kommen, denn aus Melancholie.

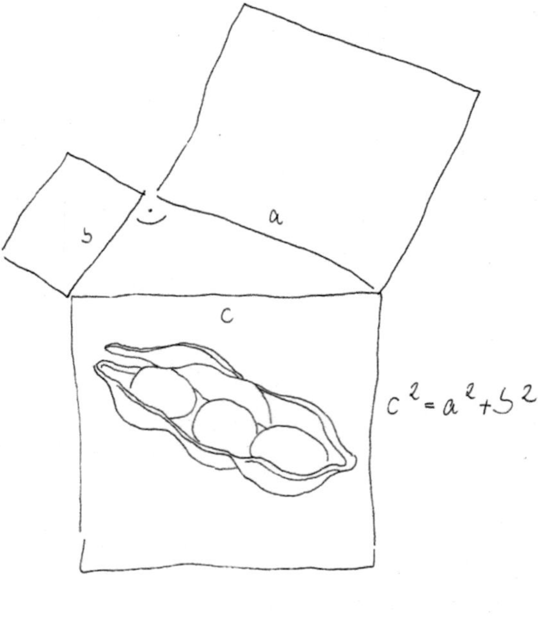
b
a
c
$c^2 = a^2 + b^2$

Herculaneum, 26. Mai 1932

„Wohin gehen Sie?"

Und wie stellte es dieser Wärter nur an, zu wissen, dass ich auf der Suche nach Altertümern umherging? Ich wäre mir selbst niemals auffällig geworden. Es scheint ein großes Tor wie das anderer Häuser in Resina zu sein. Ich mache mich auf, im Dunkeln die hundert Stufen hinabzusteigen. Führen sie mich in eine Höhle wie jene, worin man in den Castelli Romani den Wein kühl hält? Dieser Tuffstein war Schlamm: Lavaschlamm. Die Leute von hier, wird mich der Vulkanologe Malladra unterrichten, nennen alles Lava; eine Überschwemmung: Wasserlava; eine Leidenschaft, die alles auf den Kopf stellt: Blutlava; eine Erleuchtung des Verstandes: Geisteslava. Aber dieser Schlamm, der gestockt ist und auf dem sich Resina erhebt, ist wirklich ausgestoßen worden.

Am Ende der Treppe angelangt, zeigt sich uns das Innere eines Turmes. Wir sind ungefähr 20 Meter unter den Häusern und Gärten. Droben erhob sich die Villa des Prinzen Elbeuf di Lorena, und er ließ einen Brunnen ausschachten – das Innere des Turms, worin ich mich befinde –, so dass er, im Jahr 1711, die ersten kostbaren Dinge aus Herculaneum entdeckte und nach oben brachte. Karl III. ließ dort eine Brüstung erbauen: es gibt sie noch immer, am obersten Ende des Brunnens; und von dort aus überwachte er die Arbeiter, die den Tuff herausschnitten und durch ein Labyrinth von Gängen zurückkamen mit Standbildern, Hausrat, und – unglaublich! – Nüssen, und sogar Nähgarn.

Durch die ganze Wühlarbeit ist dieses Theater eine Art jener Kerker geworden, worin die Verfasser von Mantel-und-Degen-Romanen ihre Streckbänke platzieren würden.

Es begab sich, grabend, ein Vorfall, der beeindruckt. Der Pförtner des Theaters, vom Schlammfluss erfasst, hinterließ seinen Körpersaft im Brei, und die Grabung hat uns einen schwarzen Abdruck erhalten, den Schatten eines beinahe Kniefalls im Sturz, mit einem abgewinkelten Arm und einem Schlüssel in der Hand. Er gleicht einem an die Wand gehauchten Atemstoß. Es ist kein abscheulicher Anblick, sondern ein Bild größter Elastizität, voller Schlüssigkeit. War es jemand, der lieber starb, als zu fliehen? War er ein Sklave, Herr seiner Seele, erzogen, seinem wohlgestalten Äußern auch im Angesicht des Todes eine maßvolle Kraft zu verleihen?

Als wir auf halber Strecke der Exkursion sind, aus einem Stollen austretend, spüren wir die Feuchtigkeit stärker auf den Schultern, und auf dem Boden ist Tau. Die Wände sind gefurcht wie von Speichelfluss, und an einigen Stellen gibt es eine Ausfällung glasiger, rosiger Tröpfchen. Es ist das Tröpfeln von den Gärten darüber, das im Begriff ist, dieses Theater in eine Höhle mit Stalaktiten zu verwandeln.

Wenn die Natur diese Orte erschüttert, verdoppelt die Erde die Fruchtbarkeit; und in der Unordnung und in der Üppigkeit liegt ein herausgeschriener Hymnus, ein Wunsch nach jungfräulichem Boden. Ich mache mir klar, dass die Romantiker Orte dieser Art liebten, sie, die so sehr umgetrieben waren von der Notwendigkeit der Verjüngung menschlicher Gesellschaften. Und ich führe mir vor Augen, wie sehr sie die Ruinen liebten; nicht die eben erst ausgegrabene Ruine, die dürr ist, die noch zu sehr das Geheimnis unseres zivilisatorischen Fiebers zeigt; sondern die etwas älteren Ruinen, auf denen die Vegetation wild ist, und die eher geologischen Ursprungs scheinen, als dass sie eine menschliche Spur zeigten. Deswegen liegt die Schönheit einer antiken Stätte nicht in ihren Verwandlungen, sondern ist jener Wiedergestaltung geschuldet, welche die Natur an ihr vollzieht. Ich habe immer mit Schaudern eine Statue betrachtet, welcher die Arme fehlen, das Haupt oder die Beine, und all meine Anstrengung ist es, im Geiste die verschwundenen Teile wieder hinzuzufügen. Ich sage nicht, dass es nicht poetisch ist, sich der Herstellung dieses Effekts des Leidens zu widmen, wie es gewisse moderne Bildhauer machen; doch bestimmt ist die Ruine, die dem Dekret der Vorsehung unterworfen ist, stets verbündet mit einer Erneuerung der Fruchtbarkeit; sie ist so innig und allein auf sich gestellt in ihrer sadistischen und beweinenswerten Vorstellung. Einsichten, die mich lebhaft wünschen lassen, dass folgendes Urteil, von Galanti in seinem *Reiseführer* im Jahre 1845 zum Ausdruck gebracht, niemals Zustimmung gefunden haben möge: „Dieses Theater, das besterhaltene aller auf uns gekommenen der Antike, möge bald ans Licht gebracht werden“. Man lasse diese Löcher sich langsam vom Blut des Mondes überkrusten; und dieses Theater, mit dem Schatten des Wächters, wird eine einzigartige poetische Tiefe erlangen.

Hinaus, um das Licht wiederzusehen, ein mittägliches Licht, aber ohne das Wüten, das zu dieser Stunde in einem Augenblick ein Leiden an ihm mit sich bringt, begeben wir uns zu den jüngeren Ausgrabungen. Der Einstieg, der mit seinen Mauern, an flatternden Bogengängen, eine Wettkampfarena sein könnte, öffnet sich auf eine schöne Oleanderallee; und die Ruinen ruhen hingebreitet in einem Graben; vom Rand, auf einer Höhe von 19 Metern, von einer Seite, davor, erreicht man das Meer; ringsum sieht man Gruppen von Mandelbäumen, blütenverschleiert, und Weinstöcke.

Der zweite Wunsch, den Galanti in seinem Führer äußerte, wurde erhört: Die Archäologen versuchen heutzutage, jedes Haus gemäß den alten Aufteilungen zu rekonstruieren, mit den wiederaufgestellten Gegenständen, so weit möglich, an ihrem angestammten Platz. Eine sehr viel Geduld heischende Arbeit: In einem Haufen Staub beispielsweise liegen drei verschiedene Friese, die dann dorthin sollen, wo sie vermutlich waren. Man erreicht den Effekt eines Flickenteppichs, vor allem, wenn es sich um farbige Teile handelt. Sie errichten auch die Dächer wieder, die Ziegel werden neu zusammengesetzt; die Löwenköpfe aus Terracotta und die der Hunde sind wieder offnen Munds Traufe zum Impluvium. Mit der Gipspaste, dort, wo man grabend spürt, dass ein verfallenes Objekt seine Hohlform hinterlassen hat, findet man die Agonie eines Menschen, eine Tür, ein Sitzmöbel, einen Apfel, und ich weiß nicht was. Natürlich verlieren auf diese Weise, indem alles wieder neu und gründlich angeordnet wird, die Ausgrabungen viel von ihrer, wieder den Jahreszeiten anvertrauten Großartigkeit der Zeugenschaft einer Katastrophe; sie haben nicht mehr, ich weiß nicht, jenen trauervollen Anschein eines geschändeten Geheimnisses, eines entweihten Grabes; und die Übermacht der Natur hält man, so weit wie möglich, in Schach. Es sind gleichsam leere, aufgeputzte Häuser, die Bewohner erwartend, und ihnen bleibt eigentlich nichts mehr, als die Trostlosigkeit des Unbewohntseins; man könnte darüber schreiben: *Est locanda*, *Zu Vermieten* und Herculaneum könnte eine Via Margutta von großem Luxus werden. Scherz beiseite, diese Methode hinterlässt immerhin respektable Ergebnisse, indem sie für die Erhaltung unverrückbarer Zeugnisse bürgt; und, wenn sie stets angewandt worden wäre, viele Dinge von unschätzbarem Wert für das Wissen wären niemals zugrunde gegangen. Ich sehe, im „casa del tramezzo“, dem Haus der Zwischenwand, hinter Glas, verkohlte Balken. Sie müssen da sein für die Zukunft des Wissens, und sicher nicht, um den Effekt zu zeitigen, den sie auf mich machen – in der Kabine eines Röntgenarztes gelandet zu sein.

Die Häuser hier – dieses Dutzend ins Freie zurückgekehrter herrschaftlicher Bauten – haben, so sagt man, nichts Furchtbares mehr; aber die Namen doch: Sie nennen sie oft, wie wir Kriegschauplätze bezeichneten: „Casa del Sceletro“, Haus des Skeletts, „Casa del tramezzo bruciato“, Haus der verkohlten Zwischenwand; und hier, in der Tat, ist wie der Krieg eine blinde Gewalt vorübergezogen.

Indem wir die Bewegung der Architektur betrachten, den schmückenden Wert des Gipses, einige Zeichnungen, einige Figuren, manche perspektivischen Veduten, mit bis ins Unendliche abgestuften Halbtönen, und, vor allem, indem wir an einige kleine Fresken weiblicher Gestalten denken, die von den älteren Ausgrabungen zum Museum in Neapel gebracht wurden, fühlen wir uns veranlasst, zu erwägen, ob der Kunstgeschichtler nicht Grund hätte, einige Punkte sinnfällig zu machen. Bekannt ist das große Aufsehen, das die ersten Funde aus Herculaneum in der Welt auslösten, bekannt ist, dass 1755 die Accademia Ercolanense gegründet wurde, die in neun Foliobänden –

ohne die Bände einzurechnen, die den Papyri gewidmet sind – mit Hilfe von beeindruckenden Stichen die Wandmalereien und die wiederaufgefundenen Bronzegegenstände beschreibt. Ich frage mich nun: Welchen Einfluss hat Herculaneum auf die Mode gehabt, auf die bildende Kunst, auf die Geisteswissenschaften, auf die ästhetischen Grundanschauungen, in dem Zeitalter, das vom Direktorium zur Restauration führt? Wenn ich hinsehe, auf die Skulpturen dieser Zeit, jenen gipsernen Wert, den man dem Marmor verliehen hat, das Zurücknehmen und das Abkapseln der Schatten in den Zügen, um die Blässe der Schichten zu mehren; wenn ich jene Bilder betrachte, oder jene Drucke, und die säuerlichen Färblein, die in präzisen geometrischen Modulen das Helle vom Dunkeln scheiden; wenn ich die Einsamkeit der Umgebungen betrachte, gänzlich akademisch, aber abgelöst vom schrillen und erotischen Signum; wenn ich an die Zeit denke, die von Paolina Borghese zu Mme de Recamier führt – zu jener Studienrichtung, die in Winckelmann ihren Wegbereiter hatte, frage ich mich nicht nur, welches die Anregung gewesen sein mag, die von Herculaneum ausging, sondern, ob die ruhmvollsten Eingebungen nicht von italienischen Künstlern entdeckt worden sein könnten, von Foscolo bis hin zu Canova (und, warum nicht?, zuerst von Parini).

Herculaneums Name ist ebenfalls verbunden mit der modernen Kenntnis von Epikur; die jetzt, anlässlich einer recht drolligen Polemik rund um Leopardis Gedankenwelt, zur Aktualität zurückgekehrt ist. In der Villa dei Pisoni, heute wieder mit Erde bedeckt, waren von 1760 bis 1762, zwischen mit Geschmack ausgewählten Bronzegegenständen, eine große Anzahl Papyrusrollen wiederentdeckt worden. Und die ersten verwechselte man mit Kohle. Und unter ihnen: ein Schriftfragment eben jenes Epikur und ein Teil des bemerkenswerten Werks seines Schülers Philodemus.

Und mich der letzten Villa nähernd, wo sich die Räumlichkeiten zwischen Peristylen, Atrien, einem Wintergarten mit Fenstern, Triclinien mit Seitengärten etc. verlaufen, sehe ich im Licht, das in dieser Villa nicht allein von den Kreuzgängen kommt, sondern auch aus Fenstern, und welches, wenn es Abend wird, ganz lieblich ist, gelehnt in Richtung des Meeres, an einer der zahlreichen Säulen, einen Schattenmenschen. Er ließ dieses bequeme Haus zu seinem Vergnügen errichten. Er entrollt eines jener empfindlichen Papyri, die, im 18. Jahrhundert, Jahre der Mühsal bedurften, um geöffnet, entziffert, und transkribiert zu werden; aber damals elastisch und klar waren; und sein Blick verliert sich im schwarz-weißen Labyrinth der Mosaiken zu seinen Füßen. Er denkt, dass der Weise zu wissen habe, dass das Universum in seinen Wechselfällen sich nicht um die Belange eines Individuums kümmert, welches sich nach seinen Gefühlen zu richten habe, um sich nicht vom Schicksal der Anderen abhängig zu machen, welches dem Vergnügen nachzugeben habe, aber einem maßvollen Vergnügen, das nicht bis zur Verwirrung der Seele führen möge. Also: mit Bedachtsamkeit leben, ein wenig selbstdistanziert, in harmonischen Gedanken, zwischen den Dingen, welche diese eingeben. Dies ist gewiss keine rechte Philosophie.

Pugliano, 2. Juni 1932

Ich erreiche Pugliano zur Mittagszeit. Eine graue Straße, trocken, unordentlich, sie ist – mit ihrem Brunnen, mit den drei von Hand zu läutenden Glocken (im Leerraum von drei Mauerachsen über einem Dach, bereit zum Hammergeläut) – eher der Hof einer Mietskaserne. Zwei oder drei Verkäufer von Ricotta – sie haben keine große Menge davon, es wird gerade reichen, eventuell eine Scheibe Brot zu schmieren, und sie verwahren sie bestrichen, sehr weiß, in Taschen aus schlaffen Fasern, die ihr Futterale für pompejanische Phalli nennen würdet, stehen da und warten auf den Messias, eingehüllt in alte Soldatenumhänge – sollte es möglich sein, dass es noch immer die aus dem Krieg sind?

Mich lenkt ein ansteigendes Geklapper ab, und bald ist die ganze Straße ein sich verflechtendes Klipp-Klapp. Die Kinder sind mit ihren Pantinen von der Schule gekommen, das Laufen ist nicht einfach, in dieser Weise beschuht – und sie haben so viel Sorglosigkeit und Lebhaftigkeit, dass – schau an! schau an! in meinem Alter – ich Lust hätte, mich ihren Sprüngen anzuschließen.

Sie haben uns in den Wagon der *Funicolare* eingeschlossen und wir beginnen hochzusteigen. Je weiter wir an Höhe gewinnen, desto gestauchter wird die Vegetation. Es scheinen keine an der Krume festsitzenden Pflanzen zu sein; ihr würdet sagen, so stark ist der Andrang der Feuchtigkeit, die in ihren Stängeln hochsteigt, dass sie am Punkt sind abzuheben. Es sind noch blattlose Aprikosen, und solche in Blüte; dichte Blüten, die wie ein enormes indisches Tuch scheinen, das sich auf die Zweige gelegt hat. Zwischen den Aprikosen, manches Mal, ein Feigenbaum, nackt, wie ein Krake aus Kautschuk, mit den Tentakeln, die vergeblich Freiheit suchen. Und hier ist's, dass der Berg sich teilt, und die endlose Ebene, durch das Kraut heiter aufblitzend, die Zeit findet, uns einen kleinen Gruß zu senden; es ist der Ort, der sich *Belvedere* nennt.

Ich frage den Schaffner, was vor uns auf dem Kamm des Einschnitts diese aufrecht stehende Behaarung sei. Es sind vom Stamm geschnittene Kastanienzweige, um daraus Stützen für die Weinstöcke zu machen.

Der letzte Hinweis auf Bepflanzung; dann kommt ein Aufstand gepeinigten Zeugs, das sich zwischen dem Schlamm und der Gussnaht des Eisens befindet.

Wir steigen in eine andere Funicolare um; der Aufstieg ist sehr steil geworden. Wir sind in der Nähe des Kraters, und es ist kalt. Der Schaffner erscheint mit einem Berg Kapuzenmänteln, und er verwandelt uns, Frauen, Männer, Kinder, in ausladende Mönche.

Wir steigen aus. Wir nehmen eine Straße aus Asche, die einen Kranz beschreibt, breit genug für drei Personen; und ein Dicker läuft voraus, angeführt von zwei Führern, die ein jeder ihn bei der Hand gepackt halten. Alle drei schwanken wie Betrunkene, aufgrund der Trägheit des Dicken; aber alle schwanken wir wegen eines Tramontanawinds, der uns einen Rauchschweif aufdrückt; unten, nicht mehr als eine Manneslänge, schwebt der Berg auf einem Meer aus Dunkelheit: Sichtbares, es gibt nichts als – äußerst deutlich – den Kragen des Berges, wie eine große Korkeiche über dem Abgrund; es gibt ebenfalls den kalten Himmel; jener rauchende Kragen liegt wie unter einer Glasglocke.

Seitlich bewegt sich eine verputzte Wand; die Wirkung einer Sonne, welche sich über sie lustig macht, indem sie eiergroße Hagelkörner auf sie keilt und schleudert; eine sehr bewegliche Wirkung: ein Verrosten des Gelbs und ein Schimmern im Wurmloch wie die Spur einer Schnecke; und ein düsteres und kreischendes Einschrumpfen der Bergwand.

Wir halten einen Moment. Bei dem vorherrschenden Wind müssen wir davon Abstand nehmen, den Krater zu besuchen. Aber die Führer haben uns einige kleine Sachen zu zeigen. Das Komitee bricht wieder auf. Ich hatte mich aufgehalten, um ein belgisches Mädchen zu trösten, das weinend bei der Mama geblieben war, während der Bruder mit den anderen zum großen Abenteuer aufgebrochen war. Als ich mich entschließe, auch aufzubrechen, sind die anderen schon entfernt. Ich wende mich nach links und beginne, auf den Lapilli nach oben zu laufen: es ist eine Mühsal, mit dem Rauch, der sich verdichtet hat und voller Schwefeldunst ist, mit dem Geruch nach verfaulten Eiern, diesem Jucken im Hals, diesem Geschmack von Blut, der einem in den Mund steigt.

Jetzt sehe ich sie wieder, die Gefährten, sie sind in einer Mulde, die man von Weitem mit einem knusprigen Hefekuchen verwechseln könnte; und, diese Gefährten, es scheint, als würden sie einem Wettlauf im Sackhüpfen beiwohnen. Sie gehen einer Schwefelquelle entgegen und natürlich kommt der Dicke zuerst an, von den Führern ins Schlepptau genommen wie eine bockende Kuh.

Auch ich komme hinab. Die Farbe der Umgebung ist jene eines Kürbisses; die Materie, wie die eines gerösteten Krebses, und es verlässt euch nie die Angst, dass, Kracks! die Kruste aufplatzt und man verschlungen wird; Der Anblick ist der eines Haufens von Gedärmen.

Auch ich erreiche die kleine Schwefelquelle. Die Öffnung präsentiert sich wie ein Gaumen: eine kristalline Anschwellung, die von blutfarben in Richtung Grünspan geht: ähnlich ist das Maul des schlafenden Krokodils; und das bisschen Rauch, das entweicht, kitzelt wie das Geschwirr kleiner Fliegen. Der dicke Mensch käme nicht hindurch. Nach den Flecken vom Rand des Zuckens, kommt die trichterförmige Verderbnis der dunklen Leere des Schlundes.

Zurück im Wagon, ein Alter aus Portici, der mir gegenüber sitzt, schüttet mir sein Herz aus: „Scheint es Ihnen gut, unser Vulkanlein? Wenn Sie ihn 1906 gesehen hätten, brrrr!"

Und er will mir eine Unzahl Dinge zeigen, aber dieses verflixte Laken aus Rauch, das unten alles bedeckt, und seine Arme, die von rechts nach links gehen, begleitet von einem starken Hin und Her des Kopfes, deuten mir nichts.

„In Neapel ist auf den Rahmen der Häuser immer noch die damals niedergegangene Asche. Der Wind trug sie bis nach Deutschland und nach Frankreich. Bei einem anderen Ausbruch, tausend Jahre zuvor, bis nach Konstantinopel."

Er zeigt mir die alte Haltestelle der Funicolare, mit den gewundenen Querträgern und Zeichen von Rauch über einem Fetzen Mauerwerk, häuslich wie Flecken einer Feuerstelle eines Landhauses.

„Er fing erst an zu rumpeln wie der Bauch nach einem Bohnenschmaus. Ich erwache und sage mir: ‚Irgendwas kocht im Topf.' Es folgte ein Wummern und ein Krachen, als ob ein Güterzug angekuppelt würde; seitlich öffnet sich ein Mund, und die Lava beginnt ganz langsam abzufließen. Der Berg schrie, pfiff, alles schüttelte sich, litt mit …"

„Die Schmerzen eines titanischen Gebärens", sage ich, um auch ein barockes Bild beizutragen.

„Es schien immer mehr in ein vollständiges malmendes Räderwerk überzugehen. Überall waren Schlünde, aus denen dampfendes Wasser entwich. Dann explodierte ein weiterer Krater, und die Erde bebte, und alle Scheiben in Boscotrecase gingen zu Bruch. Wenn Sie die Lava gesehen hätten: Es war ein weißes Feuer wie die Sonne, und es erreichte Boscotrecase und setzte es in Flammen. Unter Getöse öffnete sich ein dritter Krater. Aus den Kratern stiegen die Feuerpinien von Plinius dem Älteren auf, einen halben Kilometer hoch ..."

Wir sind in Eremo angekommen. Es ist der Ort, wo einst eine Hütte war – jetzt gibt es eine bequeme Herberge –, und in den Zeiten des Reifrocks machten hier die Reisegruppen Rast, um ein Glas Lacrima Christi zu trinken, bevor man wieder die Sänften bestieg, wie man auf zeitgenössischen Stichen sieht, um vom Gipfel aus den Sonnenaufgang zu genießen.

Der Professor Malladra hat mir einen Carabiniere entgegengeschickt, um mich zum Observatorium zu begleiten. Das Observatorium befindet sich in einem Haus, das hundert Jahre zuvor erbaut wurde, in dem Stil, der die Augen nicht ermüdet, wie Bücher, die von Bodoni gedruckt sind. Der Professor Malladra, mit seiner mageren Erscheinung, hochgewachsen und flink, und wie aus Holz, seinen Trippelschritten, seinen stechenden und lachenden Augen, empfängt mich freudig. Er liebt die Geisteswissenschaften. Und in den weitläufigen bemalten Sälen sehe ich weitere Carabinieri. In diesem Haus, worin die Ordnung vorbildlich ist, leisten die Ordnungshüter Hilfe in vielerlei Angelegenheiten, sie halten die Ausleihzettel der Bibliothek auf dem Laufenden, sie warten die Apparate etc., und sie haben für den weisen und mutigen Mann, der ihnen vorsteht, eine kindliche Zuneigung. Und es werden die Ersten sein, die im Fall einer Gefahr herbeieilen.

Malladra zeigt mir die Vitrinen des Museums, die Lavabrocken, die manches Mal die sonderbarsten Formen annehmen: Putto, Glucke, Blumenkohl … Ich sehe Marmorstücke, die aus tiefen Höhlungen herausgerissen wurden, während des Paroxysmus: weißer Marmor, roter, ich sehe Lapislazuli, die unendlichen Ausbildungen von Kristallisationen und von Felsen, die dieser wunderbare Brennofen hervorbringt; ich sehe den edlen Skargolit, in der Farbe der Morgenröte, den Maionit, genannt Hyazinthe des Somma …

Er erzählt mir von diesem Berg, diesem Goldstück, wegen seiner so reichen landwirtschaftlichen und industriellen Ressourcen: Es ist ein spendables Ungeheuer: Nimmt und gibt tausendfach wieder! Er erzählt mir von seinen Vorgängern als Direktoren des Observatoriums, Nachfolger von Plinius dem Älteren, von Luigi Palmieri, der „während des Ausbruchs von 1872, als die Lava das Observatorium umfloss, gelassen die elektrischen Phänomene der Asche studierte, die den Himmel verdunkelte"; von Raffaello Matteucci, Held des Ausbruchs von 1906, der beim „Beobachten der Flugbahn der Geschosse von einer glühenden Masse tödlich am Knie verletzt wurde"; von Giuseppe Mercalli, der, „nachdem er dreißig Jahre den Zorn der Vulkane herausgefordert hatte, unterliegen musste, von einem dummen Flämmchen verkohlt!"

Von sich selbst erzählt er mir nichts, von seinen Kraterabstiegen, dreihundert Meter am Ende eines Taus hängend, welches sich mir nichts, dir nichts in Brand setzen könnte. Aber ich weiß, mit welcher Ernsthaftigkeit, inmitten unablässig herabfallenden Gesteins, das der Wind vom Rand löst und das ihn erschlagen könnte, er in den unatembaren Dunstkreis des plutonischen Schlundes geht, um ihm irgendein neues Geheimnis zu entreißen, um in kleinen Ampullen das Gas aufzufangen, das aus den schrecklichen Fontänen sprotzelt. Er sagt mir lediglich:

„Der Vesuv ist ein Vulkan der Laboratoriumsart. Der Mensch hat sich mit Brunnen und Tunneln zum Herren der Erde aufgeschwungen; mit dem Senkblei und Taucheranzug hat er das Meer unterworfen … Er hat die Luft erobert … Er wird es schaffen, sich das Feuer Untertan zu machen und sich in den höchsten Luftschichten zu bewegen und zu wirken."

Ich werfe einen Blick auf die Geräte: eine Papierrolle, die sich unter einer Nadel dreht, im Garten Walzen und Antennen: winzige Geräte, die jede auch noch so kleine Stimmungsschwankung des Ungeheuers überwachen. Und ich sehe, dass die größte Kraft des menschlichen Denkens ausgelagert ist in die fragilsten, aber präziseren Instrumente.

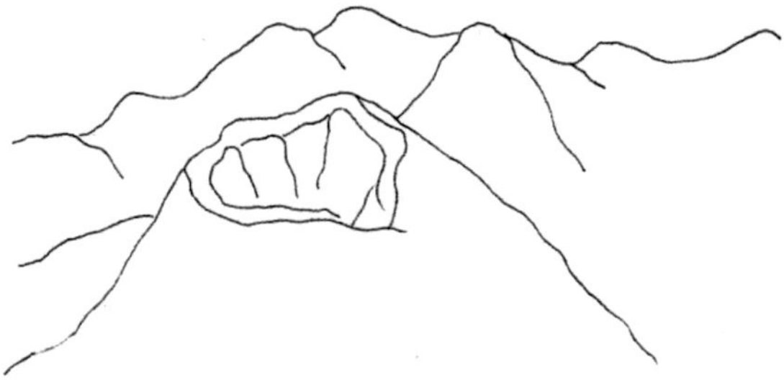

Pompeji, 17. Juni 1932

Die Nacht ist hereingebrochen, die Wärter fortgegangen und wir anderen mit ihnen, während ich in meinem Hotelbett Ruhe suche, hat sich das Staunen nicht fortgesetzt, mich in einer Welt wiederzufinden, wo, so sagte ein naiver Schriftsteller, sie andere als unsere Auffassungen hatten über den Anstand; hingegen überfiel mich eine Beklemmung. Sie löste sich im Traum: Diese Häuser und Straßen, die sie dem Licht geöffnet haben wie eine alte Kommode, wurden mir zu Gespenstern, körperlose Leben, den Personen gleich, die sie sich erbaut haben, um darin zu leben, und die seit zwanzig Jahrhunderten verschwunden sind. In der einebnenden Verstörung des Schlafs, die Distanz aufhebend, vermischten sich ineins die leere Stadt und die abwesenden Einwohner, die in ihr alles heraufbeschwört, während sie sprechen: „Ich bin dort drüben, ich komme gleich wieder."

Keiner ist je wiedergekehrt …

Das Staunen, das man in dieser Stadt empfindet, ist, dass sie immer noch warm ist vom Atem ihrer Menschen; sie stellt sich weder dar wie eine Erinnerung noch wie ein Traum, sondern als ein alter Augenblick, für den die Zeit just nun anfängt abzulaufen. Und die Beklemmung, in diesen Straßen herumgelaufen zu sein, uns in diesen Häusern aufgehalten zu haben, liegt darin, zweitausend Jahre verjüngt, nicht dorthin zurückkehren zu können, um sie wieder zum Leben zu erwecken. Leider geschehen Wunder nicht, es sei denn im Traum, und die tausendjährige Trennung, die der Tod uns errichtet hat, zwischen ihr und ihrer Bevölkerung, wer wird sie je aufheben?

Zu dieser Stunde, der Mond ist allein, eine venezianische Laterne, durchdringt bewegte Zweige, vom Wind gerötet, um weiße, umgarnte Blicke in alle Höfe zu werfen, die das architektonische Fundament der hitzigen Stadt bilden. Eine Architektur, ersonnen, um mit den Lichtern und den Schatten im luftigen Geheimnis des Hauses Wechselspiel zu treiben. Aschgrau, beinahe unsichtbar, der Marmor des toten Beckens; und eine düstre Diagonale schneidet die Säulen und ergießt sich aufs Mosaik. Aber wie schafften sie es, in diesen Kämmerchen zu schlafen? Dem Inneren eines Würfels gleich, schwarz, gedrungen, ohne eine Luke, verbannt in einen Winkel, diese Schlafzimmer-Grabstätten, wollten sie mit ihrem engen wuchtigen Frieden, an die Gruft gemahnen?

Es waren Menschen, scheint mir, die eine feststehende Vorstellung vom Tod hatten. Wenn der Mond da ist, wie heute Nacht, auf den klangvollen

Steinplatten aus Lava in den Straßen, erwarte ich nicht etwa, dass sich inmitten des wüsten Ortes jenes Skelett aus schwarzen Steinchen erhebe, auf weißem Grund, das eine Wand im Museum in Neapel schmückt, in jeder blanken Knochenhand einen Humpen haltend? „Heh, Heeh!“ wird er mir sagen, um mir Angst einzujagen „nichts zählt, als das Vergnügen.“

Und ist es nicht diese Stadt, wo die Amoretten sich an den Gliedern eines Herkules emporhangeln wie auf einen Berg, und sich ihm rittlings auf Schultern und Nacken setzen, auf die Arme, während Omphale, welcher es gelungen war, ihm die Keule aus der Hand zu winden, sie wie eine Feder hielt und lachte, dass sie ihn besiegt hatte. Ich weiß nicht, ob in Pompeji, seiner abwechslungsreichen Zartheit der Farben und der Feinheit der Zeichnung wegen, ein weiteres gleichartiges Bildnis auftauchen wird. Auch dies hier ist nach Neapel gebracht worden.

Im Hause Menanders, dem Haus der Dichter, wo Menander sein Medaillon neben dem von Vergil, Pindar und Homer hat, und wo der Wünschelrutengänger mit seinem zuckenden Eschenzweig das Versteck ziselierten Silbers anzeigen kann – befinden sich, rücklings in einer Ecke, die Knochen des Hausherrn, Grillen in Erwartung der baldigen Bestattung, mit den vom ewigen Schatten versiegelten Augenhöhlen, sich mit den Fingergliedern die bleichen Knie haltend. Vor diesem Jäger spielen sich die Szenen ab, die er hat malen lassen: behaarte Tiere, im Himmel fliegend: Füchse, Kaninchen, Hasen, Wildschweine, mit Flügeln und Körpern von Lerchen, von Rebhühnern, von Drosseln, von Fasanen; in der anderen Szene, zwischen Hecken flüchtend, gefiederte Tiere: Lerchen, Rebhühner, Drosseln, Fasane mit dem Körper und Tatzen von Füchsen, Kaninchen, Hasen, Wildschweine. Szenen von märchenhafter Fantasie, Verschmelzungen verschiedener Tiere, einer liebenswürdigen und seltsamen Erzählung dienend, ohne anderen Grund und Ziel als dem zu erzählen. Nichts von jenem religiösen Impetus, der, um das Staunen vor den beiden verschiedenartigen, in ein Wesen verschmolzenen Kräften der Natur auszudrücken, das Übermenschliche im Menschen entdeckte, indem er Zentauren und Sirenen erfand.

Es verwundert, diesen höfischen Herren hierorts anzutreffen.

Und wenn ich in der Ecke, jener gegenüber, wo er liegt, die Amphoren sehe, die voll köstlichen Weins waren, und wenn ich weiß, dass er der Besitzer des bestbestückten Weinkellers des ganzen Ortes war, warum dann das Verwundern nicht noch steigern, indem ich mir vorstelle, dass dieses Skelett sich auf die Füße stellen könnte, mit einem Krug in jeder Hand? Mit Hilfe des Zauberstabs der Nacht, würde der Schatten zurückkehren, um sich wieder mit Fleisch zu bekleiden; der gebändigte Herkules, beschwipster, jovialer Spötter, er würde mich begleiten, um die Gegend auszukundschaften und um von ihr rechtes Maß zu nehmen.

Dieser Kontrast von Tod und Liebe – der körperlichen Liebe – der in jenem ersten Jahrhundert unserer Zeitrechnung allen offenbar wurde, und welcher in Herculaneum (wenigstens in dem, was von Herculaneum offengelegt ist) geringfügig überwunden erscheint von einer laienhaften Reflexion – nimmt in Pompeji, einer reichen Gegend überseeischen Handels, eine instinktive Seite an, arrangiert sich sehr gut mit quicklebendigen Temperamenten, abergläubisch, feierfreudig, er wird zur grundlegenden Erklärung der Wesenheit von Orten, die in einem Augenblick vom exzessiven Glanz zum Verblühen hinüberströmen. Diese Straßen, die der Traum mir bevölkert wiedergibt, überfüllt wie sie waren, mit den zahllosen Schänken (säuerliche Wässer, Limonaden, Mandelsirupe, wie in Neapel?), mit all den sich verflechtenden Possen, eingeritzt in alle Mauern; mit ihrer Liebe zur Farbe, Eitelkeit der Eitelkeiten (wo, in welchem bewohnten Millimeter wäre kein Bild eingeritzt?), mit ihrer Liebe für Pflanzen (und wer keinen Garten haben kann, lässt ihn sich auf die Wand malen), mit den Farben, die überwiegen: das Rot (Rot der Sonnenuntergänge, des Feuers, des Purpurs, vom dampfenden Blut des geschlachteten Viehs), das Schwarz (Schwarz der Folladen, der Unwetter, des Styx), das Gelb (benutzt wie eine leuchtende Nadelspitze) – alles könnte das Aushängeschild aufnehmen, das sie mir gezeigt haben, auf dem Türchen sich öffnend, im Atrium eines Hauses. Es handelt sich um das Firmenschild eines Sklavenhändlers und zeigt mit den zwei Schalen einer Waage, dass ein rechtschaffener Phallus mehr wiegt als alles Gold der Welt.

Das, was mich beeindruckt hat, ist, dass in all dem niemals Lasterhaftigkeit ist.

Es kreist und dreht sich, das Geheimnis, und es diktieren ihm die gleichen Jahreszeiten, es residiert nicht, als vielleicht in einem Sterben und in einem Auferstehen: Einem Auferstehen für Nachkommen, und in einem Auferstehen wegen der Güte der Werke.

Die Via dei Sepolcri vorbei, etwas abseits, in einer Gegend der Vorstadt, erreichen wir – und in meinem Traum ist es bereits Tag – die Villa dei Misteri. Ich frage mich nicht, ob in der großen Wandmalerei der Initiationsritus einer Braut des Bacchus dargestellt wird. Aber diesmal ist es reine Wahrhaftigkeit, jenes Maß, das in Herculaneum Ausfluss einer akademischen Mühsal ist, das in Pompeji bis hin zu einer humoristischen Unverfrorenheit geht. Die Erfahrungen, griechische, orientalische, italische, haben sich dieses Mal in eine so zurückhaltende Spontaneität ausgegossen, außerhalb jeglicher Kanonik, dass, wenn die Malerei nicht köstlich ist wie die aus Herculaneum, sie den Glanz und das Elend des Lebens so in der Tiefe anrührt, dass es euch für immer schwermütig zurücklässt. Darin ist eine Allegorie wie in jeder großen italienischen Malerei, Malerei, die immer auf der Suche war, und, diese Beobachtung ist nicht von mir, in der Geste, die Sublimierung zu finden. Maiuri irrt nicht, wenn er im Maler einen Kampanier erkennt: In diesem Wandgemälde übersteigt die geschmackvolle Natürlichkeit das Wissen.

Die Allegorie ist schlicht: Sie geht aus von einem Kind, das die Liebe lehrt, und gelangt zu einem Kind, das sie immer noch lehrt. Zwischendurch wird, zwischen zwei symmetrisch vom Fallen der Kleider geschmückten nackten Körpern, das ganze Geheimnis des Fleisches beschrieben: jenes, das im blonden azurblau des Schenkels des singenden Silen den Tod enthüllt; jenes, das von der prallen Nacktheit der hingeknieten Jungfrau, die gegeißelt wird vom Verlangen (die Peitsche, die sie trifft, fügt ihren schönen Gliedern kein Unheil zu; und an diesem Punkt wird die Abstraktion zum Hymnus) eine anziehende Verzweiflung ist wie das Leben. Welcher Maler hat besser die Schwäche und Großartigkeit des Fleisches gefühlt und besungen?

Dies ist das Maß von Pompejis Mysterium.

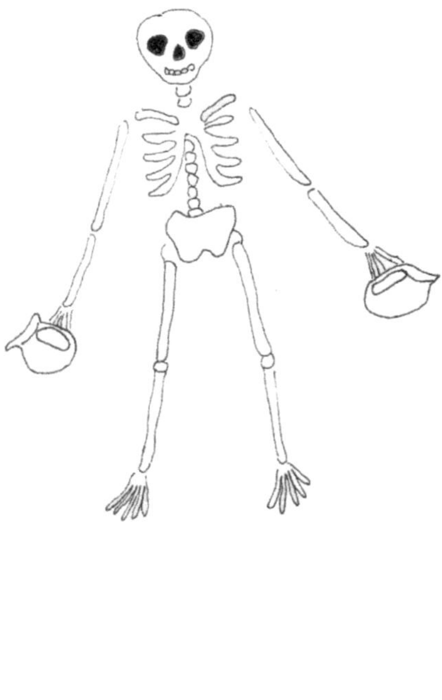

ALT-NEAPEL

Neapel, 3. Juli 1932

In einer Staubwolke gehe ich auf dieser langen Plattform, mit jenem Eindruck der Häfen: muskulöse Arme, hochgekrempelte Hosenschläge, behaarte Beine, nackte Füße, Schweiß, Vermischung von mechanischen und menschlichen Schreien, welche die Seele forttragen, und die unerschütterliche Gewalt der geometrischen Steine, die das Meer packen wie ein zappelndes Köpflein, um es in Klump zu hauen (*uocchie*, Augen, die in ihren Schattenspieren und -kielen die Hände Othellos liebkosen) – an der Via Marinella vorüber und ihr für einige Schritte nach Westen folgend, wo die *addimandata*, die so genannte Strada Nuova della Marina ist, stellt sich mir eine Lokomotive in den Weg, die als Mähne einen sehr hohen *gibus*, einen Klappzylinder, hat, Zeitgenosse von Maldacea. Den Funken ausweichend, entdecke ich abgestellt in einem Winkel zwei Pfeiler wie Salz und Pfeffer: Salz der Schaft und Pfeffer die Streifen, aufgepflanzt mit Härte, wie die Türangeln eines Geldschranks. Dieser Vado del Carmine, eingekeilt zwischen Sühnemauern, sollte er nicht dazu dienen, den Schiffsbesatzungen den Zugang zu den Plätzen der Ausgelassenheit und des Trubels zu verschließen? Führt er nicht in Krypten, märchenhafter als jene Ali Babas?

Sind diese beiden angrenzenden Plätze nicht die Piazza del Carmine und die Piazza del Mercato, wo der Fischer Masaniello sich der Herrschaft bemächtigte? Ist das nicht die Chiesa del Carmine, wo er, zum Zeitpunkt seines Falls in Ungnade, herumlief sich zu verteidigen, auf die Kanzel stieg, sich entkleidete und schrie:

„Ihr wollt mich nackt? Hier bin ich!"

Es sind unheimliche Orte. Und das gleiche Sichreflektieren des Lichts und das Sich-Verflechten der Gebäude haben etwas vom Henkersbeil und vom Galgenstrick. Von Konradin dem Staufer, der hier auf Befehl Karls von Anjou enthauptet wurde, bis zu jenen Träumern, die als erste, im ausgehenden 18. Jahrhundert, ein vereintes Italien sahen, hier, je nach umstürzlerischen Zeitläuften, bestiegen das Schafott Adlige, der Plebs und Bürgerliche.

Orte, unheimlich und episch. Ich weiß nicht, ob in diesem kleinen Ecktheater, von dem ich, um uns einen Moment Einblick zu verschaffen, den staubigen Vorhang des Eingangs gelüftet habe, *'o cantastorie*, ein Bänkelsänger, noch immer die Geschichte von Rinaldo vorträgt oder aber die von irgendeinem gerade stadtbekannten Gauner; noch weiß ich, ob, unter heiterem Himmel, diese Treffen noch immer auf der Mole stattfinden; aber, wenn ich vom Vado einen Blick auf die von einer Piazza auf eine andere flutende Menge werfe, sehe ich deutlich, dass alle *patuti*, besessen, sind – was ein Wort ist wie „tifoso“, fanatisch, begeistert –: Ich sehe deutlich, dass alle bereit wären, sich für die tapfere Sache eines Paladin abstechen zu lassen; *llà pe′ llà*, hier und sofort, einen Verräter wie *Gano `e Maganza* zu massakrieren. Ein streitbares Volk, die Tapferkeit, vermischt mit dem Märchen, reißt es fort. Und hin bis zum Verbrechertum, wenn von der Camorra die Rede ist, man erlangt nicht die erste Weihe, ohne *′a zumpata*, die Messerstecherei, einem Duell mit allerlei förmlichen Umständen. Und es kehrt mir in den Sinn zurück, dass gestern, als ich durch eine Straße von Korkschneidern kam, während ich das Messer betrachtete, mit dem man die Korken zuschneidet, vernahm, dass es auch die Waffe der Eifersuchtsdramen war. Sicher würdig des Großwesirs, und ein wenig seltsam in den Zeiten der Sprengwellen.

Den Geologen zufolge wären diese Orte auch die jüngsten der Gegend. Episch und finster, man weiß es, und gleichzeitig irrsinnig vor Lebenslust. Wenn man einen Beweis bräuchte, dass man in der Kunst die Natur imitiert, sähe man ihn hier, wo sie, um den Vesuv nachzuahmen, den Brand von Häusern simulieren, sie fabrizieren und entlassen in die Lüfte Lilien, Nelken und Regenbögen aus Feuer und lassen sie wieder fallen, unter Trommelwirbeln, als böllernde Sternbilder. Es ist seltsam, dass der Mensch sein Vergnügen sogar aus einem furchtbaren Anblick zieht. Ein Schauspiel würdig den Orten.

Der Glockenturm, den Fra Nuvolo hier hochgezogen hat, ist verrückt wie alles andere. Er erhebt sich mit jenem borrominischen Gleichgewicht, das, aufgrund eines Wunders, drei Häuser, eines über dem andern, aufrecht hält, als ob es statthaft wäre, mit den Unwettern und Erdbeben zu scherzen. Es hat den Anschein, als wäre der Turm aus Teilen des Schachspiels gemacht, und seine graue und rote Farbigkeit, die in einem zapfenförmigen Ornament und gelbgrünen Dachziegeln ausgipfelt, eine Glut, die wie eine Raupe hochkriecht und sich mit den phosphoreszierenden Schuppen des Abschlusses verknüpft, der in einer erlöschenden Streichholzflamme erstirbt.

Es ist nicht allzu lang her, am Vado versank noch das Meer im Schlick. Und die zwei Plätze fahren fort, das Meer an den Busen zu nehmen, im herumstreifenden Duft von frischem Fisch, den der Wind von hier in die Gässchen schickt wie in gezwirbelten Muschelschlünden.

Während ein Ministrant frenetisch das Schnürchen des Glöckleins rührt, das an der Tür der Kirche baumelt, mit gleicher Eile verkündet „Die Messe beginnt", „Die Messe beginnt" …, nähere ich mich auf der Piazza del Mercato den Ständen der Fischhändler. Sie tauchen ihre nackten Arme in die Bottiche, voll mit armdicken Kraken ... Moderne Perseuse, heben sie eine dieser Mollusken hoch, widerliches Haupt, wie abgehauen zwischen dem Kopfhaar der baumelnden Tentakeln, die sich zitternd einringeln. Sie bieten ihn an mit tenoralem, herzzerreißendem Geschrei ... Ein junges Mädchen aus dem Volk – *addimandiamola*, nennen wir sie Juno, die sich dort aufhält, um zu feilschen (*uocchie nire*, schwarze Augen) erwidert mit einer Explosion der Stimme, so heiter und sinnlich, dass die Piazza, von den Fetzen einer enormen Sonne erleuchtet, mir nun weiter in die Tiefe ihrer selbst gefallen und noch schwermütiger geworden zu sein scheint.

Die dunkle Schöne in den Augen behaltend, gewahre ich eine andere sehr schöne Sache. Hier hätte ich sie gerne – die Maler von Stillleben! Mit zwei vertikal aufgefädelten Reihen jener Schalentiere, die sie *cozziche* nennen (und in der Toskana *muscoli,* Muskelmuscheln), einigen Zitronenzweigen, ein oder zwei Zitronen und, mitten darin, die innere Fruchtfleischwindung einer Kammmuschel, weiß ein Fischhändler seine Ware in zauberhafter Weise auszustellen. Und in welcher Art er einen Korb mit Rotbarben zurecht zu machen weiß, und die Mannigfaltigkeit der Arten und Farben von Schattenfischen, Glatthaien, Rotbarschen kombiniert, und mit Algen das Grauenhafte der Muränen herauszuheben weiß. Die Kunst der pompejanischen Dekorateure – hier ist sie immer noch in Blüte, und nicht weniger in den Wasserschänken, die ihr alle paar Schritte überall in Neapel antrefft: mit Schnitzen von Blut- und Goldorangen und von Zitronen, mit bekömmlichen Orangen und Zitronen und mit einigen Blättern und den Flaschen, erfinden sie das erstaunlichste Flechtwerk. Was für ein Gekreisch und welche Abstufung von Substanz und Farbe. Welche Trauer liegt dieser Gewalt zu Grunde und diesen Trillern der „toten" Natur …

Die Juno hat sich in Bewegung gesetzt. Ich folge ihr ohne nachzudenken. Sie biegt in eine Gasse ein, dann in noch eine. Die Luft hat das Rauschen leerer Schneckenhäuser, das wie das Seufzen eines verlorenen Meeres ist. Es gelingt mir nicht rechtzeitig, in mir diese nostalgische Stille zu vermerken, als die Gasse in Aufruhr versetzt wird von einem schlaksigen Etwas, das in vom Herzog von Almaviva abgelegten Kleidern steckt. Es torkelt dahin mit einem Knüppel und einer Korbflasche Öl, hüpfend wie ein Schwarzer und begleitet von vier dürren Bohnenstangen in Uniformen gleich Löwenbändigern. Die Bohnenstangen punktieren die Rede, indem sie übelst in tragbare Tröten blasen und großartige Grüßgesten mit dem Korkhelm vollziehen.

Frauengeschrei;

„*'O pazzariello! 'O pazzariello!*"

Und sie verschwinden. Auch Juno entwischt hinter einer Tür. Sie kehren zurück. Im Nu ist die Gasse voller erhobener Arme, ein Glas in der Hand. *'O pazzariello* teilt rundum einen feierlichen Blick aus und füllt das Glas der Juno, indem er sie – der Schelm! – *nu burriello `e muzzarella* nennt, den weichen Kern vom Mozzarella. Die anderen kehren mit langen Gesichtern ins Haus zurück. *'O pazzariello*, gefolgt von einer Meute *guaglioni*, Gassenjungs, ist schon in einer anderen Gasse, um die unschlagbaren Vorzüge seines Ladens zu verkünden. Aber es ist seltsam, dass dieser Heidenlärm nicht von einer Gasse in die andere hallt wie jenes Rauschen der leeren Meerschnecken. Inzwischen gehe ich, wohin meine Beine mich führen wollen. Ich weiß nicht mehr …

Napule
chiena `e feneste aperte e d'uocchie nire …

Neapel
voll offener Fenster und schwarzer Augen …

VASÁMOLO INT' A L'UOCCHIE

Neapel, 19. Juli 1932

Erinnerungen und Träume lassen die Zukunft heranreifen. Selbst im Wachzustand, wir tragen in unserem Bewusstsein wundersame Stellen, die unter der Schwinge des Geheimnisses ruhen: Träume. Es ist die Erinnerung, persönlicher oder vererbter Ereignisse, die sich von sich selbst befreit hat, und, über Zeit und Raum hinaus, wiedererstanden ist. Ach, diese Ferne des verlornen Paradieses, jede Handlung der Liebe bringt es den Dingen näher und erfüllt es mit neuem Leben. Dichtung heißt, die Erinnerung in Träume verwandeln und etwas glückhaftes Licht auf die Straße des Unbekannten zu legen.

Dessen bin ich mir niemals inniger bewusst geworden, als ich, um mir ein wenig Ruhe zu gönnen, die Via Partenope und die Via Caracciolo hin zum Posilipp ging. Es ist eine moderne Straße, parallel zum Meer gebaut, und ein menschenleerer Ort in dieser wie ein Bienenstock vollen Stadt. Am Anfang säumen sie Luxushotels, hohe Wände, die zurückzutreten scheinen, um euch allein zu lassen. Dann Gärten … Hier erreicht euch der Gesang der Stadt nicht stärker als das Rauschen der unten brechenden Wellen. Ich weiß nicht, welch schwermütige Freude mich immer auf dieser Straße packt. Oh! wie die Stimme von Napoli mir hier wie von einem endlosen Altertum zu handeln scheint, und deswegen göttlich und fruchtbar. Die Härte des Lebens taucht mich in einen derart frischen und zeitlosen Anhauch, und so natürlich und so würdevoll scheint mir die Bedingung zu kämpfen ... Oh! Meer ...

Vasàmolo int' a l'uocchie –
Küssen wir's auf die Augen

Alt ist es, dieses Volk, nicht allein aufgrund seines Dialektes, so tiefgründig an Etymologien, Tönen und Flexionen; sondern wegen seiner Anhänglichkeit an die von Pan herrührende Naturauffassung. Es zweifelt nicht am Mysterium, und es schützt sich gegen das Schicksal, indem es das Wunder anruft. Kommt aus diesem Wesen vielleicht auch die Leidenschaft für das Spiel? Jedenfalls zeigt das Männlein, welches mit ineinandergefalteten Händen auf einer Bank der Piazza Municipio sitzt und auf den Sechser im Lotto wartet – und es hat keineswegs Pascal gelesen –, dass es weiß, wie viel Zufall im Reichtum steckt. Es handelt sich jedoch nicht – seid vorsichtig! – um ein Volk von Taugenichtsen, wie es noch immer heißt; sie sind im Gegenteil erfinderisch, wegen des Vertrauens selbst, das sie dem Schicksal entgegenbringen, und arbeitsam. In keiner anderen Gegend schaffen es die Leute, Quellen des Wohlstandes in tausend Nichtigkeiten aufzuspüren, wie ich es hier Hunderte Male gesehen habe. Aber weil sie den nebensächlichen Wert des Reichtums fühlen, sind sie geneigt, in ihm die Vergänglichkeit zu lieben, auch wenn sie wenig haben, und sie sind verschwenderisch und schinden sich nicht zu Tode, um reich zu werden; und wenn sie arm sind, warten sie ohne allzu viel Murrens darauf, dass sich das drehende Rad zu Ihren Gunsten wenden möge. Und daraus erklärt sich, dass an Orten, wo der Lebenskampf anhält, mehr denn aus Vernunft, sondern aus Fantasie und Gefühl, dort, wo das Überflüssige und das Höchste: das Fest, der Heroismus, mehr zählen als das Notwendige, die Dichter, von Vergil bis Petrarca, von Tasso bis Leopardi, einige der wahrhaftigsten Seiten ihres Lebens zusammengebracht haben. Die Verse von Giacomo Leopardi: *Il tramonto della luna* – die schönsten der Welt in den zur Vollendung gebrachten Teilen – sie sind von dieser Landschaft diktiert.

Wir werden uns daher nicht wundern, dass sich hier die Vorstellung von Vergil mit jener der Magie verbunden hat, und dass sie die Dauerhaftigkeit einer festen Burg abhängen sehen, der Eingebung des Dichter-Magiers folgend, vom Erhalt eines zerbrechlichen Eies, das in einen Kelch eingeschlossen, in einem Raum aufgehängt ist. Und weil hier viele Zeichen des Meeres der Kunst expressive Bedeutungen verleihen, erinnert mich diese Vereinigung von Glas und Ei an die Laichtrauben des Katzenhais, die ich im Aquarium gesehen habe: In einer durchsichtigen Gallertmasse verwandelt sich die gelbliche Materie vor unserem Auge und wird geboren. Und ist nicht jede Geburt in gewisser Weise eine Zerstörung?

Um zu Symbolen der See zurückzukehren, all dieses Einrollen der Kapitelle, die in Neapel den Standbildern auf so vielen Plätzen als Podest dienen, so beweglich, wiegend und elegant wie es ist, erinnert es nicht an das Seepferdchen, dieses Marmorpferdchen, das derart genau die Form des Springers im Schachspiel hat, mit den allerunruhigsten Äuglein, verliebt wie ein Turteltäubchen? Und hat nicht vielleicht die Stille, aus diesen Bewegungen geläutert, im Wasser – Zenon seinen Sophismus eingeflüstert? Und ist nicht der Glockenturm von Fra Nuvolo, dem wir gestern begegnet sind, eine verrückte Verbindung von Seepferdchen und Orangen, Obst des Feuers?

Auf der anderen Seite hat der neapolitanische Barock in dieser Richtung auch zu viel des Guten getrieben, indem er als ornamentale Motive Muscheln heranzog wie die Jakobsmuschel, die Dolie, die Kammmuschel …

Castel dell'Ovo schnellt vom Meer hoch wie das Fantasma des Vorgebirges vom Pizzo Falcone, wovon es sich ablöst. Nicht selten sind sie hier, diese mittelalterlichen Festungsmauern: Die ergreifendsten sind jene in den volkstümlichen Stadtteilen, eingezwängt inmitten der Wohnblocks, so fest, gradlinig und breit in ihrer nackten Kargheit.

Ich weiß nicht mehr, aus welcher Gegend ich kam, um mich auf der Piazza del Carmine wiederzufinden; aber an einem Ort, wie diese vom Krieg getöteten Winkel, von denen Vann'Antò gesungen hat, wo ein Baum noch leben konnte, mit seinen Zweigen, Blättern und den Vögeln – und ich erinnere mich an eine Katze, die sich am Fuß des Baumes nicht mehr zu bewegen wagte. An diesem Ort heute, vollführte die Sonne ein eigenartiges Spiel: Einige Flecken Feuchtigkeit schienen von Lungenatmung durchdrungen und diesen entgegen stiegen gefräßige Schattenflecken ...

Jetzt bin ich inmitten von Alteisen, Ankern, Waschtrögen voller rostiger Ketten, zwischen einem Klöppeln der Kesselschmiede, einem Hobeln und Sägen der Tischler.

In diesen Gassen, die auf und ab führen, die wie ein enthülltes Bachbett sind, deren Häuser, vier, fünf und sechs Stockwerke hoch, aus dem 17. und 18. Jahrhundert stammen, manchmal mit Portalen aus dem 15. und 16. Jahrhundert, mit Farben, die von gewissen dunklen Rottönen zum Zitronengelb bis hin zum Gelb von Chamoisleder reichen, zu verwässertem Rosa, zur ganzen Bandbreite des Graus, zu den Grüntönen der Fensterläden, entfesselt sich ein wahrhafter Karneval der Malerei mit all der Wäsche, Spitzen, Schals, Betttüchern, Decken, aufgehängt in allen Ebenen der Treppenhäuser über der Straße.

Am Rettifilo angelangt, der die hässliche „Arterie“ der „Ausweider“ ist, steige ich einige Treppchen empor und befinde mich bei Sant'Agostino La Zecca. Es ist die Gasse der Gebrauchtkleidungsläden. Diese Kleidung füllt die ganze Straße, sie baumelt um eure Köpfe wie Fledermäuse. Es ist eine Straße von Besessenen. Erbaut aus Peperit. Die Menschen, welche die armseligen Überbleibsel waschen und bügeln, sieht man nicht in den Läden. Im Dunkel taucht undeutlich eine Person auf, ein beladener Mann in der Tiefe des größten Ladens der Gasse: quadratisches Kellerloch unter einer ausladenden Treppe. Er isst gerade, und auf dem Tisch ist ein Petroleumlämpchen. Am Eingang hält er ein Lämmchen, gefesselt mit einem himmelblauen Band am Hals.

In der Forcella herauskommend, weitet sich das Panorama steigenden Schritts und, wegen der Leute, die gruppenweise herunterkommen, gefolgt von einem Karren, der an einen Esel geheftet ist, denkt man an jene Krippen mit den „Perspektiven, und all den Darstellungen, um die freudige Illusion zu erwecken", die, in der zweiten Hälfte des 18. Jahrhunderts, Werke jener berühmten Figurenschnitzer waren: Sammartino, Vasallo, Gori, Mosca Celebrano und andere. Mit etwas Satire hätten diese Künstler ihren bereits so tiefgründig von Wahrheit durchdrungenen Hirten Züge verleihen können, um Hogarth in Entzückung zu versetzen.

Diese Leute fast tanzend herannahen sehend, denkt man auch an den älteren Bruegel. Mehr noch, man denkt an gewisse volkstümliche Bräuche, von denen ich bei Galanti gelesen habe und die vielleicht auch heute noch lebendig sind: „Weitere Volksfeste sind die Prozession von Antignano am Ostermorgen, der Umzug in Cardito und in Scarfati am Himmelfahrtstag und in Monte Vergine und an der Madonna dell'Arco an Pfingsten. Schön ist das Schauspiel jener, die von den weit entfernten Umzügen heimkehren mit blattgeschmückten Wagen, mit Schirmen und großen Stecken, welche die Bildnisse der Madonna verzieren, von getrockneten Früchten und Kuchen, während sie mit Gesang, mit Getön und festlichem Geschrei die Luft erfüllen. Sehr groß ist die Ähnlichkeit dieser Gruppierungen mit Bacchanten, denen sie sogar im Hinblick auf die Tanzschritte ähneln." Meine Gedanken kehren zurück zum Sinn für das ‚Panische' dieses Volkes … Wenn seine Malerei wieder aufsteigen wollte, sie könnte es, zu bedeutender Größe, würde es genügen, das Wahre zu beschreiben, wie einmal schon, indem sie das Geheimnis und den Witz interpretiert hat, Menschen gleicher Herkunft in Pompeji: Bezüglich des Witzes, denke ich an jene Alten in den Thermen, die athletische Übungen machen, um jünger zu werden …

Immer noch laufe ich ziellos, die Spaccanapoli streifend, die wie ein von Überreife geöffneter Granatapfel ist, und die Sonne schlägt auf Blut und Gold, und es scheint auf dem ganzen, sehr langen Einschnitt, als wäre der Himmel auf Höhe der Häuser und er wirkt angelehnt wie ein gemaltes Dach …

Ich quere Vico de' Panettieri. In einem verschwommenen Laden ist etwas wie ein Glühwürmchen. Ich nähere mich, um es zu erkennen. Ich vernehme die Stimme einer Alten *„A chi vulite? Zu wem wollt Ihr?*". Das Licht ist ein Öllämpchen unter Glas bei einer kleinen Madonnenstatue.

Ich quere San Gregorio Armeno. Ich sehe Frauen, die vor der Tür Papierblumen machen, die ihnen in den Schoß fallen, zu Boden, sie haben immer noch die Finger voll davon. Ein Mütterchen mit der unterm Kinn festgeschnürten Haube kommt näher, um einen Hersteller von Figuren aus Pappmaché zu fragen, ob er nicht einen Sant'Antonio habe, für den Namenstag ihres Gatten. Er hat keinen, und sie macht sich davon, den Rosenkranz aufsagend. Ich sehe einen anderen Laden, der wie eine Höhle ist, gefertigt aus Putzlappen und Ton; alles scheint überzogen von Kohlenstaub; und eingebaut in der Grotte, der Schädel einer Puppe, ein Christus ohne Augen, weitere verstümmelte Gegenstände zum Aufarbeiten.

Ich bin müde. Ich trete in Santa Chiara ein. Die Kirche ist aus Gold, mit Winkeln aus weißem Marmor, derart nackt wegen dieser Weiße und dieses Goldes. Zu meinen Füßen quert eine Taube das Kirchschiff. In der Sakristei beichtet eben ein Herr, der Priester hat ihm einen Arm um die Schulter gelegt.

Ich trete hinaus in den Garten der Klarissen. Es ist ein Paradies. Es scheint der Grund eines Meeres. Pfeiler aus Majolika, die Farbe wie perlmuttner Himmel, tragen eine Laube. Drei alte vereinte Zypressen, allein; Zitronen; auf den Majoliken Girlanden von Blumen und Früchten, mythologische Szenen. Arkadien konnte das Heidentum auch in die Klöster tragen.

Der beichtende Herr kommt mir entgegen. Er bewegt den alten Kopf wie eine Schildkröte, er trägt eine tabakfarbene Melone, einen tabakfarbenen Mantel, der den Boden berührt, weiße Gamaschen; er erklärt mir, er sei der Graf XY …, verarmt … Als er sich redend auf sich bezieht, wird seine Stimme weinerlich. Plötzlich ruft er aus, die Hände ringend:

„*Voi pittate!* Ihr malt!"

"Ich?"

"*Voi pittate* … Ihr malt … man sieht es, man sieht es, ich habe Erfahrung. Ihr seid ein berühmter Maler … Ihr leidet an arthritischen Schmerzen!"

„Ich? Mir geht's hervorragend …"

„Ich sehe es Euren Händen an … Ihr leidet … leidet … Auch ich habe gelitten. Ach! … Ich Ärmster, die Schmerzen schnürten mich ein wie eine Salami … Schaut, heute springe ich wie *`O pazzariello*. Jeden Abend – ich mache es für mich, ich bin Junggeselle, nehme ich eine hübsche Zwiebel, schneide sie in ganz feine Scheibchen, weiche sie in einer hübschen Tasse Wasser ein, und auf nüchternen Magen, am Morgen, trinke ich alles auf einen Zug … Versucht's nur, versucht's … Jeden Morgen …"

Editorische Notizen

Die vorliegende Ausgabe ist die deutsche Übertragung des Bandes *Giuseppe Ungaretti. Viaggio nel Mezzogiorno*, der 1995 bei Alfredo Guida Editore, Neapel, als Nummer 14 der Reihe RITRATTI DI CITTÁ (Hrsg. von Luigi Mascilli Migliorini) unter der Aufsicht von Francesco Napoli erschienen ist.
Der Verlag und der Übersetzer bedanken sich ganz herzlich bei dem Verleger Dott. Mario Guida für die freundliche Erlaubnis, diese Ausgabe ins Deutsche zu übertragen. Von ihm stammt auch die Würdigung des Textes auf dem hinteren Buchdeckel, die sich in der Originalausgabe auf Seite 7 findet. Auf Seite 5 der italienischen Ausgabe ist das Faksimile eines Briefes von Ungaretti an Dott. Guida abgedruckt, das hier leider nicht wiedergegeben werden kann.[1] Ebenso weggelassen in dieser Buchausgabe wurden das Nachwort *Memorie e sogni maturano l'avenire* und die Anmerkungen dazu. Interessierte Leser finden diese jedoch auf der Verlagsseite im Internet.
Die acht Texte dieses Bandes stammen aus der 1961 erstmals bei Arnoldo Mondadori Editore veröffentlichten italienischen Werkausgabe *Giuseppe Ungaretti, Vita d'un uomo II: Prose di Viaggi e Saggi I. Il deserto e dopo 1931 – 1946*, die 1969 in zweiter, überarbeiteter Auflage erschien. Auf dieser 2. Auflage von

---

[1] „Caro dottor Mario Guida, dal 5 sarò a Capri all'Hotel Regina Cristina. Mi farà molto piacere se vorrá essere mio ospite a colazione o a pranzo in uno dei giorni precedenti la lettura. Non sará una gran lettura. Leggeró alcune dellle poesie di Ginsburg e diró alcune parole sulla sua opera, una delle rare [???]menti autentiche di questi tempi. In tutto non piú d'un quarto d'ora. Sono molto stanco, ed è per questo motive che mi reco a Capri, e il lavoro mi è in questo momento molto difficile, e La prego di volermi perdonare se non farò che molto poco. Le invio molti cordiali saluti. Giuseppe Ungaretti Roma, il 2/2/1966.

1969 basiert die deutsche Ausgabe[2]. Sie erschien als Band 4 der sehr verdienstvollen deutschen Gesamtausgabe der Werke Ungarettis des P. Kirchheim Verlags, München 2001[3]. In dieser Ausgabe finden sich weitergehende Hinweise zur Publikations- und Werkgeschichte und ausführliche Anmerkungen.
Hier nur der Hinweis, dass alle Stücke von Ungarettis Reiseprosa zwischen 1931 und 1934 zunächst in der Turiner *Gazetta del Popolo* erschienen sind und erst Jahrzehnte später von Ungaretti für die oben erwähnte Buchausgabe neu redigiert wurden.
Hingewiesen sei an dieser Stelle auch auf eine frühe Übersetzung aus der Reiseprosa, die 1963 in der Bibliothek Suhrkamp erschienen ist: *Giuseppe Ungaretti. Reisebilder. Frankfurt am Main 1963. Deutsch von Silvia Hildesheimer.* Darin befinden sich vier der acht kampanischen Stücke: Elea, Fischzug, Paestum und In Traum und Wirklichkeit.

---

[2] Giuseppe Ungaretti: Die Wüste und weiter. Reise nach Etrurien. Reiseprosa 1923-1969. Hrsg. von Angelika Baader unter Mitarbeit von Michael von Killisch-Horn. Übersetzt von Angelika Baader und Michael von Killisch-Horn. München 2001.
[3] Giuseppe Ungaretti. Vita d'un uomo. Ein Menschenleben. Werke in 6 Bänden. Herausgegeben und übersetzt von Angelika Baader und Michael Killisch-Horn. München 1993-2001.

Anmerkungen des Übersetzers

Ein Buch, Geschenk nach einer gemeinsamen Reise, war jahrelang ungelesen liegen geblieben, bis es mir 2011 wieder in die Hände fiel. Die ersten Zeilen schlugen mich sofort in Bann. Ich kannte den Autor längst als einen der bedeutendsten Lyriker Italiens im 20. Jahrhundert und war nun überrascht von seiner Prosa, die mir in manchen Zeilen halsbrecherisch vorkam, wie verfasst unter dem Einfluss bewusstseinserweiternder Drogen. Einfach nur lesend konnte ich den Fügungen oft nicht folgen, so dass ich begann, die italienischen Sätze auseinanderzunehmen und auf Deutsch wieder zusammenzusetzen. Das war der Beginn der hier vorliegenden Übersetzung. Denn irgendwann packte mich der Ehrgeiz, alle acht Kapitel des schmalen Bandes ins Deutsche zu übertragen, ohne zunächst an irgendeine Publikation zu denken. Schließlich aber entstand die Idee, diesen schmalen Band, der ja auch im Italienischen Auszug aus einem größeren Werk ist, in dieser Gestalt auch für den deutschsprachigen Buchmarkt verfügbar zu machen, wo diese Stücke nur im Rahmen der Werkausgabe lieferbar sind (vgl. Editorische Notiz).

Abgesehen vom reichen, traumwandlerischen Gebrauch der Bilder und Metaphern (man denke an die Beschreibung des Glockenturms im Kapitel „Alt-Neapel"), hat die Reiseprosa zwei weitere Besonderheiten: Ungaretti macht ungezügelt Gebrauch von der recht großen Freiheit der Kommasetzung im Italienischen, und zwar in Richtung einer ausführlichen Anwendung dieses Satzzeichens, das im Italienischen eher seltener vorkommt als im Deutschen (so ist es z. B. nicht vor jedem Relativsatz zwingend). Ein Beispiel aus dem ersten Kapitel: „é la Punta d'Agropoli, e, come un canguro, sulla sua pancia, nascondendola al mare, porta la sua cittá" (Es ist die Spitze von Agropoli, und, wie ein Känguru, auf seinem Bauch, es vor dem

Meer verbergend, trägt sie ihre Stadt"). Im Deutschen muss dieser gewiss bewusste Einsatz des Rhythmisierungszeichens natürlich entsprechend nachgebildet werden, woraus die oft unorthodoxe Kommasetzung im deutschen Text resultiert. Die nächste Besonderheit ist der häufige Gebrauch der Hilfsverben *avere* (haben) und *essere* (sein) und dem ubiqitären *fare* (machen). Nicht selten war der Übersetzer versucht, ein farbigeres, sprechenderes deutsches Verb zu benutzen, worauf jedoch verzichtet wurde.

S. 3 *Raimondo Sabondo* – Raimundus Sabundus, gest. 1436 in Toulouse. Eigentlich Ramon Sibiuda. Katalanischer Philosoph und Professor der Medizin in Toulouse, wo er auch mehrfach Rektor der Universität war. Seine Abhandlung, dass die Natur und die christliche Glaubenslehre übereinstimmen, wurde von Montaigne unter dem Titel *Apologie de Raimond Sebond* ins Französische übersetzt.
S. 7 *den Bildern das Göttliche* – alle immagini la divinità. „Immagine" bedeutet auch „Vorstellung", „innere Anschauung".
S. 17 *Pananti* – Filippo Pananti (1776 – 1837). Italienischer Dichter, der während einer Seereise von Piraten gefangen genommen, nach Algerien verschleppt wurde und darüber den vielbeachteten Bericht "Avventure e osservazioni sopra le coste di Barberia" („Abenteuer und Betrachtungen über die Küstenländer Nordafrikas") verfasst hat.
S. 27 *auf dem letzten Gang nach Josafat* – Das *Tal Josafat* wird heute als der Teil des Kidrontals zwischen Tempelberg und Ölberg identifiziert. Worauf Ungaretti anspielt, ist die Textstelle aus dem Buch Joel 4, 1-21, das als *Gericht über die Völker* betitelt ist: „Denn siehe in jenen Tagen und zu jener Zeit, da wende ich das Geschick Judas und Jerusalems, da sammle ich alle Völker und führe sie ins Tal Josaphat und rechte dort mit ihnen ob meines Volkes und Erbteils Israel, dass sie es unter die Völker zerstreut, mein Land in Stücke gerissen, und über mein Volk das Los geworfen haben. [...]" (Deutsche Übersetzung aus Herders Bibelkommentar 4,1-3).
S. 33 *berühmten Rosen* – Schon Vergil schwärmt in seiner *Georgica* von den Rosengärten Pästums. Seit 2002 gibt es sogar ein Parfum namens „paestum rose". Der Zweizeiler entstammt dem Gedicht *De rosis nascentibus*, das ursprünglich Vergil zugeschrieben wurde.
S. 35 *Resina* – So hieß bis 1969 der Ort, wo man die Überreste von Herculaneum auffand. *Prinz Elbeuf di Lorena* – war als Befehlshaber der öster-

reichischen Armee in Neapel stationiert. Er schenkte bedeutende Statuen der Grabungen dem Prinzen Eugen. Von Wien gelangten diese nach Dresden, wo sie heute als die „Große und Kleine Herkulanerin“ weltberühmt sind.

S. 39 *Via Margutta* – kleine Straße im Zentrum Roms, die seit den 50er Jahren vor allem aufgrund ihrer prominenten Bewohner aus Film und Fernsehen bekannt wurde und heute zahlreiche Kunstgalerien und Szenelokale beherbergt.

S. 41 *Paolina Borghese* – Lieblingsschwester Napoleons, gestorben 1825 in Florenz. Sie löste einen Skandal aus, weil sie dem Bildhauer Canova unbekleidet Modell saß. *Mme de Recamier* – gestorben 1849. Sie galt als eine der schönsten Frauen ihrer Zeit und wurde von vielen Künstlern gemalt.

S. 46 *Funicolare* – Standseilbahn.

S. 51 *Somma* – Der Monte Somma ist der sichelförmige Wallrest des ursprünglichen Vesuv-Kegels. Als nordöstlicher Teil des Kraters überragt er den Boden des Einsturzbeckens um rund 200 Meter. Aus dieser Caldera erhebt sich der neue Vesuvkegel mit 1281 Metern.

S. 59 *Folladen* – Eine Bohrmuschel. Muschelart aus der Ordnung der Pholadomyoida, deren typische Farbe allerdings weiß ist. Von griech. Pholada, was etwa bedeutet: „das sich in Löchern verbirgt“. Es könnte sein, das Ungaretti mit „folade“ die weit verbreitete Miesmuschel meint, die tatsächlich schwarz ist und mit den Pholaden verwandt ist.

S. 61 *geschmackvolle Natürlichkeit* – im Original „la naturalezza, per gusto scalvalca il sapere“. Kann auch heißen: „die Natürlichkeit, übertrifft aus einer Laune heraus das Wissen“, da „per gusto“ neben „Geschmack“ auch „nach Lust und Laune“ bedeuten kann.

S. 63 *Maldacea* – Es bleibt unklar, ob Ungaretti sich hier auf Nicola (1870 - 1945), einen neapolitanischen Schauspieler, oder auf Moisè (1822 - 1898) bezieht. Da der Klappzylinder 1823 erfunden wurde, nehme ich an, dass der Dichter auf Letzteren anspielen wollte, der eine bedeutende Rolle im italienischen Freiheitskampf unter Garibaldi spielte.

S. 64 *Geschichte von Rinaldo* – In Süditalien, heute nur noch auf Sizilien, wurden im Puppentheater vorzüglich die Geschichten Karls des Großen (Rolandslied) und seiner Paladine aufgeführt. Rinaldo ist darin ein beliebter Held.

S. 65 *Gano `e Maganza* – Einer der Paladine Karls des Großen aus dem Rolandslied und eine der Figuren im sizilianischen Puppentheater. Gano verrät seinen Herrn und das Frankenreich.

S. 66 *Glockenturm* – Santa Maria del Carmine.

S. 68 *Herzog von Almaviva* – Titelheld der Oper *Der Barbier von Sevilla.*

S. 69 *Pazzariello* - In Neapel kündigte man früher die Eröffnung eines Geschäftes mit Hilfe der Figur des Pazzariello an (von pazzo = verrückt). In einer Fantasieuniform, die aus dem 18. Jhd. stammen könnte, lief er durch die Straßen und pries die Waren an, die das jeweilige Geschäft der Kundschaft zu bieten hatte. Vergleichbar dem Sandwichman des frühen 20. Jahrhunderts – nur wesentlich effektheischender und turbulenter.

S. 72 *Napolis* – Im Original schreibt Ungaretti „la voce di napule" und benutzt damit die Dialektbezeichnung Neapels.

S. 75 *Vann' Antó* - Giovanni Antonio Di Giacomo, sizilianischer Dichter (1891 – 1960), der vorwiegend im Dialekt schrieb. Nach ihm ist der Literaturpreis „Vann' Antó" benannt.

S. 75 *„Arterie" der „Ausweider"* - auch im Original in Anführungszeichen. Wie in Paris im 19. Jahrhundert hat man auch in Neapel im Zuge der Modernisierung breite Straßen ins dunkle Altstadtviertel geschlagen, um Luft und Licht hineinzubringen, und um die Cholera einzudämmen. Diesen sehr umstrittenen Vorgang, der „sventratura" – das „Ausweiden der Gedärme" der Stadt – wird im Buch *Il Ventre di Napoli* (Der Bauch Neapels) von Matilde Serao beispielhaft beschrieben.

S. 76 Hier schiebt Ungaretti unkommentiert ein Zitat ein. Vermutlich aus seinem Reiseführer, dem Galanti.

S. 77 *das ‚Panische' dieses Volkes* – im Original ohne Anführungsstriche. Auf den Gott ‚Pan' bezogen.

Mein Dank gilt vor allem Sabine Jansen für die Illustrationen und das wiederholte Korrekturlesen. Dem Verleger Hartmut Abendschein herzlichen Dank für die Aufnahme in sein Programm bei etkbooks und für das gewissenhafte Lektorat.

Giuseppe Ungaretti wurde als Sohn toskanischer Auswanderer 1888 in Alexandria geboren. 1912 verläßt er Ägypten und kommt mit 24 Jahren erstmals nach Italien, zieht nach kurzem Aufenthalt weiter nach Paris, um dort sein Studium fortzuführen. Er hört Bergson am College de France, was ihn geistig lebenslang beeinflussen soll. Bald kommt er in engen Kontakt mit der künstlerischen Avantgarde um Apollinaire und veröffentlicht ab 1915 seine ersten Gedichte. Als Italien in den Krieg eintritt, meldet er sich freiwillig, schreibt an der Front in der Etappe und in den Schützengräben Gedichte, welche die italienische Lyrik von Grund auf erneuern sollten. Sein berühmtestes „M'illumino/d'immenso" gilt als eines der klassischen Gedichte der Moderne. 1916 erscheint sein erster Gedichtband *Il porto sepolto*. Nach dem Krieg arbeitet er vorwiegend journalistisch und nimmt 1937 eine Professur in Sao Paolo an. 1942 kehrt er nach Italien zurück und lässt sich in Rom nieder, wo er bis 1958 einen Lehrstuhl für Moderne und Zeitgenössische Literatur bekleidet. Neben Montale, Saba und Quasimodo gilt er als der herausragendste italienische Lyriker der Moderne. Er stirbt 1970 in Mailand.

Stefan Ruess, geboren und aufgewachsen in Oberschwaben. Studium der Germanistik, Geschichte und Philosophie in Köln und Neapel. 2002 freier Mitarbeiter am Goethe-Institut, Neapel und Lehrer für Deutsch als Fremdsprache am Liceo Mercalli, Neapel. Seit 1993 Aufenthalte in Italien, vor allem in Süditalien. Lebt in Köln und ist im Verlagswesen tätig.

Sabine Jansen, geboren und aufgewachsen in Köln, Studium und Promotion in Köln. Arbeitet seit 2001 als freischaffende Künstlerin in Köln. Seit 2011 Leiterin des kunstraum dellbrück. www.kunstraum-dellbrueck.de

edition taberna kritika
Neuerscheinungen 2012/13

Elisabeth Wandeler-Deck
Ein Fonduekoch geworden sein
ISBN 978-3-905846-22-5

Sam Kautsch / Hartmut Abendschein
jetzt ist es ein kunstwerk. flooksbooks.
ISBN 978-3-905846-21-8

Li Mollet
sondern
ISBN 978-3-905846-20-1

Sudabeh Mohafez / Rittiner & Gomez
Das Eigenartige Haus
ISBN 978-3-905846-19-5

Alban Nikolai Herbst
Kleine Theorie des Literarischen Bloggens
ISBN 978-3-905846-18-8

Michael Perkampus
Guckkasten. 21 Fazetien (etkaudio)
ISBN 978-3-905846-16-4

Ausführliche Informationen über unsere Neuerscheinungen und das Gesamtprogramm finden Sie im Internet unter http://www.etkbooks.com

edition taberna kritika
Gutenbergstrasse 47
CH - 3011 Bern
Tel.: +41 (0) 33 534 9 308
info@etkbooks.com | http://www.etkbooks.com